BERNHARD KISLIG

DER STEUERBERATER

Steuern optimieren – ein Leitfaden für die Schweiz

EIN RATGEBER AUS DER BEOBACHTER-PRAXIS

Beobachter EDITION

Dank
Verlag und Autor danken Stefan Hunziker von der FIVE Informatik AG in Schönbühl für die Zahlentabellen im Download-Angebot und die kritische Durchsicht des Manuskripts.

Download-Angebot zu diesem Buch
Zu diesem Buch gehört ein Download-Angebot mit aktuellen Abzügen für jeden Kanton und weiteren wichtigen Steuerzahlen: www.beobachter.ch/download (Code 9520).

Beobachter-Edition
2., aktualisiete Auflage, Zürich 2019

www.beobachter.ch

Herausgeber: Der Schweizerische Beobachter, Zürich
Lektorat: Käthi Zeugin, Zürich
Umschlaggestaltung: Jacqueline Roth, Zürich
Umschlagfoto: hh5800/iStockphoto
Reihenkonzept: buchundgrafik.ch
Fotos: S. 48/49 KEYSTONE; übrige Fotos: iStock
Satz: Bruno Bolliger, Gudo
Druck: Grafisches Centrum Cuno GmbH & Co. KG, Calbe

ISBN 978-3-03875-144-1

Inhalt

Vorwort

Familien, Rentnerinnen, Ausländer, Unternehmerinnen – dieses Buch bietet in verschiedenen Lebenssituationen Hilfe in Steuerfragen. Auch wer bei spezifischen Steuerthemen, zum Beispiel bei Wohneigentum, Berufsauslagen, Erbschaften oder Lottogewinnen, Probleme hat, wird hier fündig. Komplexe Sachverhalte werden leicht verständlich und auch anhand konkreter Beispiele erörtert. Dies stets mit dem Ziel, Ihnen das Ausfüllen der Steuererklärung zu erleichtern und letztlich Geld zu sparen.

Die aktualisierte Ausgabe des «Steuerberaters» enthält zudem neue Informationen zu steuerpolitischen Entscheiden, die in der ganzen Schweiz gelten. Über den Internetlink www.beobachter.ch/download erhalten Sie Zugang zu aktuellen Zahlen und zu den Abzügen pro Kanton. So erfahren Sie, wo Ihr Kanton steht und ob sich allenfalls ein Umzug auch steuerlich lohnen würde. Die im Internet zur Verfügung gestellten Tabellen und Grafiken hat das auf Steuersoftware spezialisierte Unternehmen FIVE Informatik erstellt.

Die Investition in dieses Buch kann sich für Sie also mehrfach auszahlen: Dank den Steuertipps sparen Sie Geld, und dank den hilfreichen Erläuterungen können Sie in vielen Fällen auf einen Steuerexperten verzichten oder Ärger vermeiden.

Bernhard Kislig,
im Januar 2019

Nicht vergessen! 12 Tipps für Ihre Steuererklärung

1 | Keine Probleme mit dem Ausfüllen

Sie wollen möglichst wenig Ärger beim Ausfüllen der Steuererklärung? Die wichtigste Voraussetzung dafür: Sammeln Sie uner dem Jahr laufend alle notwendigen Belege, zum Beispiel Lohnausweis, Zinsausweise, Belege zu Berufsauslagen, etwa für Fahrtkosten, Rechnungen für die Fremdbetreuung sowie zur Ausbildung der Kinder oder Spendenbescheinigungen. Im Idealfall ordnen Sie die Belege von Anfang an. Damit ist eine gute Grundlage geschaffen. Mehr Informationen, wie sie den Aufwand für die Steuererklärung reduzieren können, finden Sie ab Seite 27.

2 | Die Steuerrechnung halbieren

Ein Umzug in eine andere Gemeinde oder einen anderen Kanton wäre die wirksamste Methode, um Steuern zu sparen. Wenige Kilometer Distanz können die Steuerlast mehr als halbieren. Arbeitsplatz, Hausbesitz, Schulbesuch der Kinder, Verwurzelung an einem Ort sprechen allerdings meist dagegen. Kommt hinzu, dass an steuergünstigen Orten die Hauspreise und Mieten oft deutlich höher sind. Doch wenn ohnehin ein Umzug ansteht, können sich Überlegungen zur Wahl des Wohnorts steuerlich lohnen. Mehr dazu auf Seite 51.

3 | Weiterbildung lohnt sich doppelt

Wer sich weiterbildet, erhöht nicht nur seine Chancen auf eine bessere Arbeitsstelle, er spart auch Steuern. Bei der direkten Bundessteuer sind jährlich bis zu 12 000 Franken abziehbar. Wenn Sie wissen wollen, welche Kurse abzugsberechtigt sind und welche nicht, lesen Sie weiter auf Seite 55.

4 | Mit der Altersvorsorge Steuern sparen

Generell gilt, dass die 2. Säule eine ideale Möglichkeit bietet, Steuern zu sparen. Haben Sie Lücken, können Sie diese füllen und die Einzahlungen dafür voll vom steuerbaren Einkommen abziehen. Viele Unternehmen haben für ihre Kaderleute sogenannte Beletage-Versicherungen eingerichtet. Zwar sind die Einkaufssummen nach oben begrenzt, aber sie bieten für Gutverdienende dennoch lukrative Möglichkeiten, grosse Steuerabzüge vorzunehmen. Weitere Informationen dazu erhalten Sie ab Seite 146.

5 | Beim Bauen die richtige Finanzierung wählen

Beim Bau eines Eigenheims wäre es aus Gründen der Liquidität und der Verzinsung natürlich vorteilhaft, die Baukreditzinsen sofort vom steuerbaren Einkommen abziehen zu können. Das können Sie tun, wenn Sie bereits über Grundbesitz verfügen: Anstelle eines Baukredits nehmen Sie eine normale Hypothek auf einem anderen Haus auf, das Ihnen gehört. Die Zinsen dieser Hypothek können Sie sofort vom steuerbaren Einkommen abziehen. Wer mehr übers Steuernsparen mit Liegenschaften erfahren will, findet die Informationen auf Seite 99.

6 | Aufpassen bei Haussanierungen

Steuerbehörden werden hellhörig, sobald ein Zimmer vergrössert und eine Wand versetzt wird. Das taxieren sie als wertvermehrende Investition, die Steuerpflichtige nicht sofort abziehen können. Berücksichtigen Sie das bei Ihrer Planung, wenn Sie möglichst viele werterhaltende Ausgaben vom Einkommen abziehen wollen. Mehr zu Steuerfallen beim Umbau ab Seite 113.

7 | Die Progression der Säule 3a brechen

Wenn Sie sich die Ersparnisse der Säule 3a auf einen Schlag auszahlen lassen, versteuern Sie den Betrag aufgrund der Progression zu einem höheren Tarif. Sowohl beim Bund wie auch in den Kantonen können Sie die Progression dadurch brechen, dass Sie alle fünf Jahre die Auszahlung von Teilbeträgen Ihres 3a-Guthabens zum Erwerb von selbst genutztem Wohneigentum oder zur Amortisation der darauf lastenden Hypotheken verlangen. Sie interessieren sich für die Finanzierung von Wohneigentum? Dann lesen Sie weiter ab Seite 104.

8 | Erbschaften weitsichtig planen

Wer ein Haus kauft, das er nicht selbst bewohnt, sollte dies in einem Kanton mit tiefen Erbschaftssteuern tun. Denn Liegenschaften werden in ihrem Standortkanton besteuert, und das kann für die Erben einen grossen Unterschied bedeuten. Alles zum Thema Steuern sparen bei Erbschaften finden Sie ab Seite 137.

9 | Steuerfreie Aktiengewinne

Die Dividende fällt bei Aktienanlagen kaum ins Gewicht. Interessant sind die Kursgewinne – und diese sind steuerfrei. Freilich sollten Sie bei Aktienanlagen bestimmte Regeln einhalten: Kaufen Sie Aktienfonds statt Einzelaktien; und investieren Sie nur Geld, auf das Sie die nächsten zehn Jahre nicht angewiesen sind. Für kurzfristige Anlagen, die gleichzeitig sicher sein sollen, eignen sich Aktien nicht. Mehr über Wertpapiere lesen Sie ab Seite 160.

10 | Umwandlung der Firma in eine AG prüfen

Planen Sie als Inhaber einer Personengesellschaft eine Übergabe oder Nachfolgeregelung? Dann lohnt es sich, die Umwandlung in eine AG oder GmbH zu prüfen. Bei diesen Rechtsformen gelten stille Reserven als Kapitalgewinne und können steuerfrei übertragen oder verkauft werden. Das aber nur, wenn die Umwandlung mindestens fünf Jahre vor der Übergabe stattgefunden hat. Wenn ein Verkauf früher über die Bühne geht, werden Sie von den Steuerbehörden trotzdem zur

Kasse gebeten. Die Umwandlung selbst ist steuerfrei. Wissenswertes über Steuereinsparungen für Selbständige finden Sie ab Seite 77.

11 | Liegenschaftsunterhalt zur richtigen Zeit

Vor allem wenn Sie einen Rückbau planen, lohnt es sich, diesen nicht schon Anfang 2019 durchzuführen. Denn ab 2020 können Arbeiten wie Demontage von Installationen sowie Abbruch und Abtransport von Bauabfall neu als Liegenschaftsunterhalt von den Steuern abgezogen werden. Auch für grosse Unterhaltsarbeiten, zum Beispiel eine Dachsanierung, gibt es ab 2020 steuerliche Vorteile: Neu müssen Sie die Kosten nicht mehr in einem Jahr abziehen, sondern können sie auf bis zu drei aufeinanderfolgende Steuerperioden verteilen. Damit sind deutlich höhere Steuereinsparungen möglich als bisher. Mehr Informationen dazu finden Sie auf den Seiten 114 und 116.

12 | Steuerabzüge für Ausländer

Für die über zwei Millionen Ausländerinnen und Ausländer in der Schweiz stellen sich oft spezielle steuerliche Fragen. Dies unter anderem, weil sie mit einer Aufenthaltsbewilligung B der Quellenbesteuerung unterliegen. Dabei werden die meisten Abzüge, die Schweizer vornehmen können, nicht berücksichtigt. Wer Einzahlungen in die Säule 3a oder anderes vom steuerbaren Einkommen abziehen will, kann aber eine «Neuveranlagung der Quellensteuer» beantragen. Die Formulare dafür sollten auf der Website der zuständigen kantonalen Steuerverwaltung erhältlich sein. Mehr dazu erfahren Sie auf Seite 67.

1

Ohne Steuern kein Staat

Leistungen zum Wohl der Gesellschaft müssen finanziert sein. Dazu braucht es Steuern. Sonst gäbe es keine Polizei, keine öffentlichen Strassen und auch keine soziale Sicherheit. Die Steuern sind die Einnahmen der öffentlichen Hand. Ohne diese Einnahmen gäbe es keinen Bundesstaat, keine Kantone, keine Gemeinden.

Warum der Staat Steuern einzieht

Steuern sind die wichtigste Einnahmequelle jeder Gemeinde, jeder Stadt, jedes Kantons, jedes Landes. Ohne Steuern könnten sie nicht funktionieren. Gleichzeitig sind dies die einzigen Institutionen, die Steuern erheben dürfen – mit ganz wenigen Ausnahmen, etwa den Kirchen.

Dass der Staat Steuern einzieht, lässt sich damit begründen, dass er im Gegenzug Leistungen für die Einwohnerinnen und Einwohner erbringt, indem er Schulen unterhält, Strassen und Eisenbahnlinien baut, mit Polizei und Armee die Menschen im Inneren und gegen aussen schützt und vieles mehr tut.

WOHER DER STAAT DAS GELD BEKOMMT (2017)

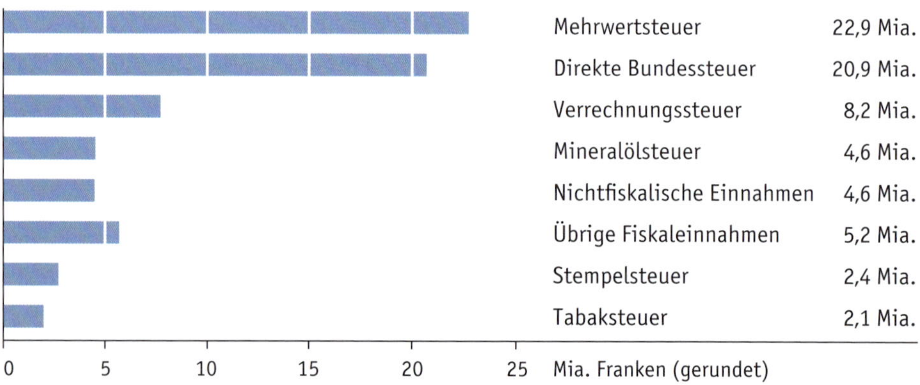

2017 betrugen die Einnahmen des Bundes 70,9 Milliarden Franken. 29,1 Milliarden sind direkte Steuern (Bundessteuer, Verrechnungssteuer), die anderen 41,8 Milliarden sind indirekte Steuern.

Quelle: Eidgenössisches Finanzdepartement

Allerdings haben die Steuern nicht nur den Zweck, dem Staat Einnahmen zu beschaffen. Sie können auch dazu dienen, ein bestimmtes Verhalten der Bürgerinnen und Bürger zu beeinflussen; in diesem Fall spricht man von Lenkungsabgaben. Beispiele sind etwa die Tabak- oder die Alkoholsteuer.

Wie wichtig Steuern sind, zeigt sich daran, dass sie in der Schweiz für Bund, Kantone und Gemeinden insgesamt rund drei Viertel aller Einnahmen ausmachen. Der Rest der Einnahmen stammt aus verschiedenen anderen Gebühren, von Passgebühren bis zu Museumseintritten, und aus Finanzgeschäften (also aus Zinsen auf dem Vermögen), beim Bund etwa aus den Dividendenerträgen der Swisscom-Beteiligung und den Gewinnen der Nationalbank.

Die Schweiz – auch bei den Steuern ein Sonderfall

Das schweizerische Steuersystem zeichnet sich durch verschiedene Besonderheiten aus:

- Nicht weniger als vier Institutionen erheben Steuern: der Bund, die Kantone, die gut 2200 Gemeinden und die Kirchen.
- Auch sind die direkten Steuern je nach Kanton und Gemeinde sehr unterschiedlich hoch. In den teuersten Gemeinden zahlt man mit dem gleichen Einkommen mehr als doppelt so viel wie in den günstigsten (siehe die Tabelle «Einkommenssteuern in den Kantonen» unter www.beobachter.ch/download).

Die Eigenheiten des schweizerischen Steuersystems hängen mit der Geschichte unseres Landes und mit der speziellen politischen Struktur zusammen. Am meisten fällt auf, dass die föderalistische Struktur – also die Aufgliederung in die Ebenen Bund, Kantone und Gemeinden – auch bei den Steuern zu erkennen ist (siehe die Zusammenstellung auf der nächsten Seite). Dadurch hat der Bund im Vergleich zu anderen Staaten recht wenig Kompetenzen.

Und die Politiker achten peinlich darauf, dass dies so bleibt. So ist zum Beispiel in der Bundesverfassung genau aufgelistet, welche Steuern der **Bund** erheben darf; in Artikel 128 sind sogar die Obergrenzen für die direkte Besteuerung in Prozent festgelegt. Alle anderen Steuern sind für

BUND, KANTONE, GEMEINDEN: WER KASSIERT WAS EIN?

Direkte Steuern	Indirekte oder Verbrauchssteuern
Der Bund kassiert	
■ Einkommenssteuern (von Privatpersonen) ■ Gewinnsteuern (von Unternehmen) ■ Verrechnungssteuern ■ Wehrpflichtersatz ■ Stempelsteuern	■ Mehrwertsteuer ■ Alkohol- und Tabaksteuern ■ Zölle ■ Treibstoffsteuern ■ Autobahnvignette
Die Kantone kassieren	
■ Einkommens- und Vermögenssteuern (von Privatpersonen) ■ Gewinn- und Kapitalsteuern (von Unternehmen) ■ Kopf-, Personal- oder Haushaltsteuern ■ Erbschafts- und Schenkungssteuern ■ Grundstückgewinnsteuern ■ Liegenschaftssteuern ■ Handänderungssteuern ■ Lotteriegewinnsteuern	■ Motorfahrzeugsteuern ■ Hundesteuern ■ Vergnügungssteuern ■ Stempelsteuern ■ Plakatsteuern ■ Andere, zum Beispiel Wasserwerksteuern
Die Gemeinden kassieren	
■ Einkommens- und Vermögenssteuern (von Privatpersonen) ■ Gewinn- und Kapitalsteuern (von Unternehmen) ■ Kopf-, Personal- oder Haushaltsteuern ■ Erbschafts- und Schenkungssteuern ■ Grundstückgewinnsteuern ■ Liegenschaftssteuern ■ Handänderungssteuern ■ Lotteriegewinnsteuern ■ Gewerbesteuern	■ Hundesteuern ■ Vergnügungssteuern ■ Feuerwehrsteuern ■ Andere, zum Beispiel Kurtaxen, Wasser-, Abwasser- und Kehrichtgebühren
Die Kirchgemeinden kassieren	
■ Kirchensteuern (von Personen und teilweise auch von Unternehmen)	

Quelle: Eidgenössisches Finanzdepartement

die Eidgenossenschaft tabu, es sei denn, die Verfassung würde geändert. So kassiert der Bund zum Beispiel keine Steuern auf dem Vermögen.

Den **Kantonen** dagegen ist es erlaubt, sämtliche Arten von Steuern einzuziehen, die ihnen nicht in der Bundesverfassung «verboten» oder dem Bund allein vorbehalten sind. Letzteres betrifft vor allem die Mehrwertsteuer, aber auch die Zölle. Ebenso sind die Kantone frei darin, wie hoch sie ihre Steuern festsetzen und für welche Zwecke und Aufgaben sie diese verwenden.

Die **Gemeinden** schliesslich dürfen diejenigen Steuern erheben, die ihnen ihr Kanton erlaubt; das sind mit wenigen Ausnahmen die gleichen wie bei den Kantonen.

Erhoben werden die Kantonssteuern (auch Staatssteuern genannt) und die Gemeindesteuern von den Kantonen; verantwortlich für die Abwicklung – das Verschicken und Auswerten der Steuererklärung und das Einkassieren – sind aber die Gemeinden.

INFO *Die Landeskirchen können ebenfalls Steuern einziehen, von Personen und zum Teil auch von Unternehmen. Wer nicht Mitglied einer Landeskirche ist, muss die Kirchensteuer nicht bezahlen.*

Direkte und indirekte Steuern

Direkte Steuern werden, wie es der Name sagt, von einer Person oder einem Unternehmen direkt an die zuständige Steuerbehörde bezahlt. Dazu gehören unter anderem Einkommens-, Vermögens- und Erbschaftssteuern. Auch die Quellensteuer für Ausländer ohne Niederlassungsbewilligung ist eine direkte Steuer.

INFO *Ebenfalls zu den direkten Steuern gehört der Wehrpflichtersatz, früher Militärpflichtersatz genannt. Diese Steuer müssen diejenigen Schweizer Bürger im Alter von 20 bis 30 Jahren zahlen, die militär- oder zivildienstpflichtig sind, aber im betreffenden Steuerjahr keinen oder nicht den ganzen Dienst geleistet haben.*

Indirekte Steuern fallen weniger auf, da sie in der Regel in die Verkaufspreise eingerechnet sind. Eine für den Bund wichtige Einnahmequelle ist die Mehrwertsteuer, die auf Waren und Dienstleistungen zu bezahlen ist. Aber auch Abgaben auf Benzin oder Alkohol gehören in diese Kategorie. Wenn es wie beim Alkohol darum geht, über den Preis das Verhalten der Bevölkerung zu beeinflussen, spricht man von Lenkungsabgaben.

Dazu verwendet der Staat die Steuern

Wofür der Bund das Geld ausgibt, das ist ihm im Wesentlichen durch die Bundesverfassung und die Gesetze vorgeschrieben. Im Finanzleitbild des Bundes werden die Ziele festgehalten, die der Staat mit dem Geld erreichen soll und will. Dazu zählen Stabilität, soziale Wohlfahrt, Bildung, Infrastruktur, Sicherheit, Standortqualität und der Ausgleich zwischen den Regionen. Den grössten Posten in der Rechnung der öffentlichen Hand bilden die Sozialausgaben, gefolgt von den Steuern und Schuldzinsen.

WOFÜR DER BUND SEINE MITTEL EINSETZT (2017)

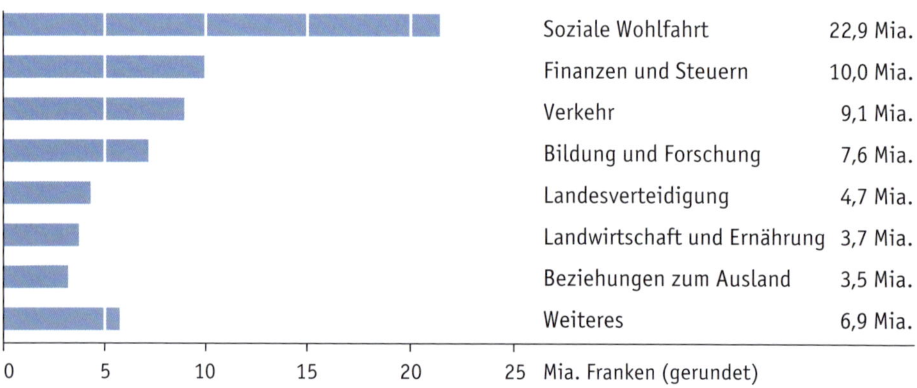

Von den gut 68 Milliarden, die der Bund ausgibt, entfällt rund ein Drittel auf die soziale Wohlfahrt. Sie umfasst im Wesentlichen die Beiträge an die AHV und die IV sowie die Prämienverbilligungen für die Krankenkasse.

Quelle: Eidgenössisches Finanzdepartement

27 Steuersysteme

Es ist bekannt und ein altes Lied: Die Schweiz hat mit ihren 26 Kantonen und dem Bund 27 verschiedene Steuergesetze. Eine Folge sind massive Unterschiede in der Steuerbelastung, je nach Wohnort. Wer Pech hat und in einer sehr teuren Gemeinde wohnt, zahlt mehr als das Doppelte, verglichen mit einem günstigen Ort.

Die Steuerbelastung variiert von Kanton zu Kanton und von Gemeinde zu Gemeinde. Die Unterschiede sind zum Teil so gross, dass einige Leute von Steuerhöllen und Steuerparadiesen sprechen. Ein vom Bundesamt für Statistik jährlich veröffentlichter Steuerbelastungsvergleich zeigt die Differenzen in den Kantonshauptorten (www.bfs.admin.ch, im Suchfeld «Steuerbelastung» eingeben): Im Jahr 2017 zahlten Ledige mit mittleren Einkommen in den Hauptorten von Appenzell Innerrhoden, Obwalden, Schwyz und Zug am wenigsten Steuern. Am teuersten war es für sie in den Hauptorten von Jura, Neuenburg und Waadt. Aufgrund unterschiedlicher Sozialabzüge ergibt sich bei den Familien ein etwas anderes Bild: In den Hauptorten von Genf, Schwyz, Wallis und Zug war es für sie steuerlich am günstigsten, während die Belastung in den Hauptorten von Jura, Neuenburg, Solothurn und Waadt am höchsten ausfiel. Der Unterschied zwischen der tiefsten und der höchsten Steuerlast beträgt mehr als das Doppelte – bei einigen Einkommensklassen liegt der Faktor sogar deutlich höher.

Ungleichheiten bereinigen

Es ist nachvollziehbar, dass Gemeinden im Jura – abseits von den Wirtschaftszentren und mit wirtschaftlichen Problemen sowie weitläufiger Infrastruktur – von ihren Einwohnern und Unternehmen höhere Beträge verlangen als Wohngebiete in der Nähe von Zürich. Trotzdem erstaunt es, wie gross die Unterschiede auch auf engem Raum sein können.

Zwar hat das Bundesgesetz über die Steuerharmonisierung, das seit 1993 in Kraft ist, dafür gesorgt, dass die Unterschiede etwas kleiner geworden sind. Aber im Grundsatz nur formell: So wird man heute in allen Kantonen nach der Gegenwartsmethode besteuert, das heisst, dass man jeweils für das laufende Jahr Steuern bezahlt. Nach wie vor gibt es aber einen Steuerwettbewerb. Viele Kantone haben in den vergangenen Jahren die Belastung gesenkt, wobei einzelne gegenüber Topverdienern besonders grosszügig waren, um attraktive Steuerzahler anzulocken.

Progressive Steuern oder Flat Rate Tax

Beim Bund und in den meisten Kantonen sind die Steuern progressiv ausgestaltet. Das heisst, für ein höheres Einkommen oder Vermögen zahlt man prozentual mehr. Allerdings geht die Progression nicht unendlich weiter, im oberen Teil flacht die Kurve wieder ab. Bei der direkten Bundessteuer sind 11,5 Prozent das Maximum für Privatpersonen; dieser Satz ist in der Bundesverfassung festgeschrieben (siehe die Tabelle «Direkte Bundessteuer» unter www.beobacher.ch/download). In den meisten Kantonen ist dies – mit unterschiedlichen Maximalsätzen – ebenso geregelt.

FLAT RATE TAX UND PROGRESSIVE STEUER

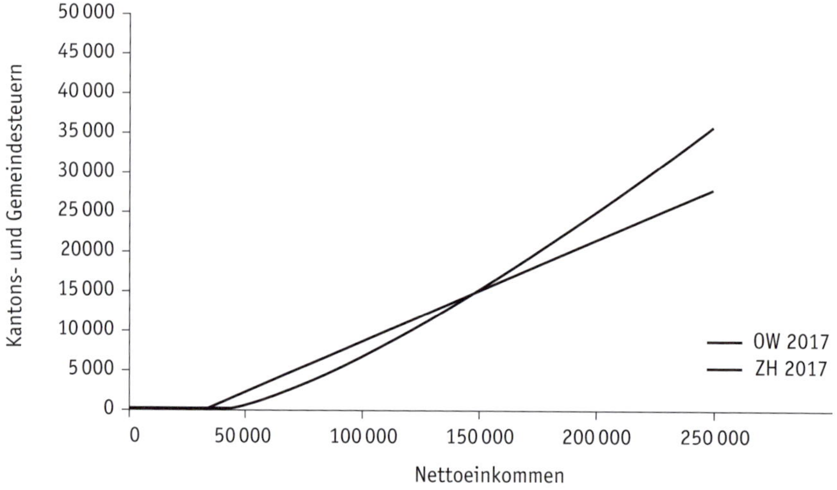

Quelle: TaxWare by FIVE Informatik AG

Obwalden und Uri dagegen haben die Flat Rate Tax eingeführt. Diese kennt in ihrer strengen Form nur einen einzigen Steuersatz, unabhängig vom Einkommen. Basel-Stadt kennt eine Mischform mit einem Doppeltarif. Bei all diesen Varianten gibt es weiterhin diverse Abzugsmöglichkeiten – dies im Unterschied zur klassischen Flat Tax, die kaum Abzüge vorsieht und daher eine starke Vereinfachung des Steuersystems beinhalten würde. Im September 2009 haben die Befürworter eines solchen vereinfachten Systems einen Dämpfer bekommen: Die Stimmberechtigten im Kanton Thurgau lehnten einen einheitlichen Steuersatz ab. Regierung und Grosser Rat hatten vorgeschlagen, alle Einkommen unabhängig von ihrer Höhe mit 6 Prozent einfacher Staatssteuer zu belasten. 2016 verwarfen auch die Schwyzer Stimmbürgerinnen und Stimmbürger die Einführung einer Flat Rate Tax deutlich. Vorerst bleibt es also bei drei Kantonen mit vereinfachtem Steuersatz.

Flat Tax für die ganze Schweiz?

Es gab und gibt immer wieder politische Bestrebungen, für die gesamte Schweiz die klassische Flat Tax einzuführen oder zumindest das Steuersystem zu vereinfachen. Doch zurzeit fehlt der politische Wille für ein solches Projekt. Eine schweizerische Flat Tax dürfte es in naher Zukunft nicht geben.

Person 2 oder Ehefrau
Person 1 oder Ehemann 218
Person 2 oder Ehefrau 223
Person 1 oder Ehemann 228
Person 2 oder Ehefrau 233
Person 1 oder Ehemann
Person 2 oder Ehefrau
EXP
M+

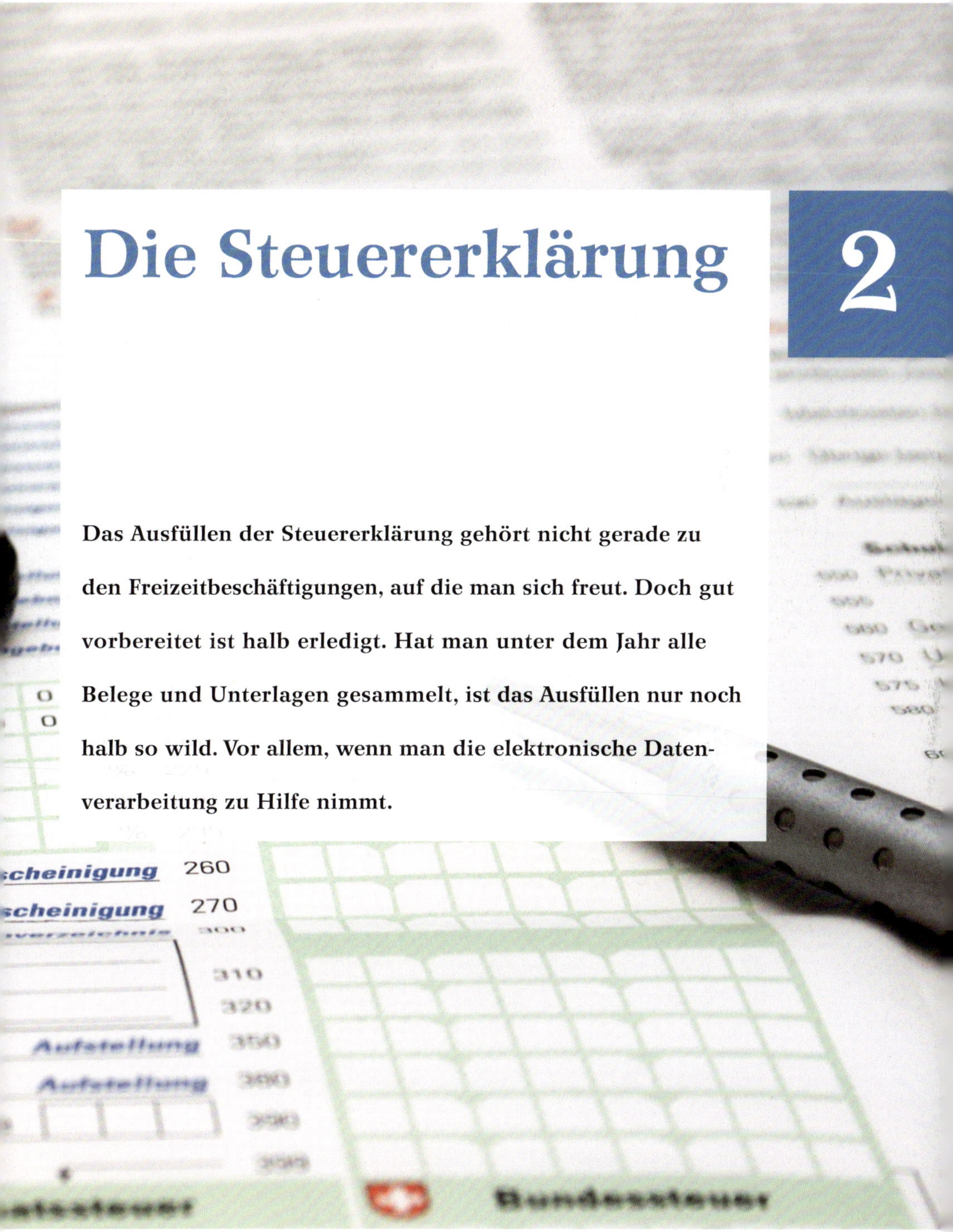

Die Steuererklärung

2

Das Ausfüllen der Steuererklärung gehört nicht gerade zu den Freizeitbeschäftigungen, auf die man sich freut. Doch gut vorbereitet ist halb erledigt. Hat man unter dem Jahr alle Belege und Unterlagen gesammelt, ist das Ausfüllen nur noch halb so wild. Vor allem, wenn man die elektronische Datenverarbeitung zu Hilfe nimmt.

Knacknuss Steuererklärung

Die Steuererkärung ist eine Hürde, für die viele Schweizerinnen und Schweizer alle Jahre wieder einen grossen Anlauf brauchen. Und in der Tat ist sie für Normalsterbliche eine echte Knacknuss. Leider sind die Formulare – wie dies amtliche Papiere so an sich haben – keineswegs leicht verständlich geschrieben und aufgebaut. Und wer aus einem anderen Kanton neu zugezogen ist, muss umlernen, denn die Steuerformulare in den verschiedenen Kantonen sind nicht immer einheitlich.

Dieses Kapitel soll Ihnen beim Ausfüllen der Steuererklärung helfen, indem die Positionen Schritt für Schritt besprochen werden. Die Formulare der Kantone sind zwar nach wie vor zum Teil unterschiedlich, aber immerhin in der Regel so weit gleich gegliedert, dass Sie sich mit den Erläuterungen auf den folgenden Seiten zurechtfinden werden.

Belege und Formulare

Wer eine umfassende Steuererklärung einreicht, muss für einige Positionen zusätzliche Formulare ausfüllen oder Belege einreichen. Einige Belege, etwa der Lohnausweis oder der Steuerauszug der Bank, müssen oft als Originale mitgeschickt werden. Das gilt unabhängig davon, ob der Steuerpflichtige die Erklärung elektronisch oder auf Papier ausfüllt. Elektronisch sollten alle nötigen Formulare vorhanden sein. Das gilt allerdings nicht für die Light-Version des Kantons Zürich. Immobilienbesitzer zum Beispiel sollten hier die Vollversion wählen. Wer die Steuererklärung auf Papier ausfüllt, kann fehlende Formulare beim Steueramt der Wohngemeinde nachbestellen oder im Internet herunterladen.

TIPP *Generell gilt: Auf Verlangen müssen Sie alles, was Sie angeben, auch belegen können. Ausgenommen sind feste Abzüge, die in der Steuererklärung entsprechend gekennzeichnet sind. Wenn der Steuerbeamte eine Angabe anzweifelt, kann er nachträglich die*

Dokumente dazu einfordern. Bewahren Sie deshalb für alle Fälle die Belege an einem sicheren Ort auf, wenn Sie sie nicht ohnehin der Steuererklärung beilegen.

Vorteile der elektronischen Steuererklärung

Längst wird ein Grossteil der Steuererklärungen elektronisch eingereicht. Alle Kantone bieten heute elektronische Hilfsmittel an. Auf ihrer Website stellen die kantonalen Steuerverwaltungen ein Programm fürs Ausfüllen zur Verfügung. Wer will, kann die Software in der Regel auch auf einer CD-ROM bestellen

Speziell entwickelte Programme haben meist den Vorteil, dass sie das Ausfüllen der Steuererklärung mit interaktiven Hilfestellungen unterstützen. Zudem entfallen Probleme mit unleserlichen Handschriften sowie der Aufwand für die Erfassung handgeschriebener Formulare. So können die Steuerämter die Zahl der Fehler reduzieren. Das Ausfüllen am PC bietet auch den Steuerpflichtigen einige Vorteile: Haben Sie Ihre Steuererklärung einmal erfasst, können Sie beim nächsten Mal alles stehen lassen, was sich nicht geändert hat. Ausserdem bieten einige Versionen eingebaute Berechnungsfunktionen. Bei den Kinderabzügen zum Beispiel tragen Sie nicht mehr die Beträge, sondern nur die Angaben zu den Kindern ein; den Rest erledigt das Programm. Und wenn Sie alles fertig ausgefüllt haben, zeigt Ihnen der elektronische Steuergehilfe, wie viel Sie dem Staat werden zahlen müssen.

Das weitere Vorgehen beschreibt die Steuersoftware in Einzelschritten. In manchen Kantonen werden die Daten gleich online übermittelt, in anderen drucken die Steuerpflichtigen die Formulare aus und schicken sie unterzeichnet ein.

TIPP *Wenn Sie die Steuererklärung zum ersten Mal elektronisch ausfüllen, sollten Sie sich dafür etwas mehr Zeit reservieren als für die gewohnte Papierversion. Wie alle Computerprogramme müssen Sie auch dieses zuerst kennenlernen, bevor Sie damit richtig umgehen können. Wenn Sie nicht besonders routiniert sind im Umgang mit dem Computer, lohnt es sich, bei Bekannten Hilfe zu holen.*

Weitere Hilfe vom Internet

Neben der elektronischen Steuererklärung haben die Kantone weitere Angebote im Internet: Beispielsweise lassen sich die meisten Formulare als PDF-Dateien herunterladen; das ist etwa dann interessant, wenn Sie die Wegleitung verloren haben. Auch viele Hilfsblätter sind auf den Websites zu finden, ebenso ausgefüllte Musterdokumente. Einige Kantone stellen interaktive Wegleitungen zur Verfügung oder Steuerrechner, in die man die persönlichen Angaben wie Wohnort, Zivilstand, Einkommen eingeben kann und die gesamte Steuerbelastung berechnet erhält. Die Steuerämter erlauben meist auch, die Fristverlängerung übers Internet zu beantragen.

Hilfe suchen und finden

Der wichtigste Rat, wenn Ihnen die Probleme mit den Steuern über den Kopf zu wachsen drohen: Versuchen Sie, die Schwierigkeiten zusammen mit Fachpersonen und -stellen zu bewältigen. Dazu gibt es verschiedene Möglichkeiten:

- Wenden Sie sich direkt ans Steueramt. Die Mitarbeiter sind durchaus bereit, Auskünfte auf Fragen zu geben, bieten aber natürlich keine umfassende Steuerberatung. In der Regel kommen sie einem auch bei finanziellen Engpässen entgegen, indem sie Ratenzahlung gewähren.
- Vor allem Anfang Jahr, wenn die Steuerformulare im Briefkasten liegen, bieten viele Zeitungen und Zeitschriften, aber auch Institutionen wie die Caritas oder Pro Senectute Beratung an. Der Beobachter beispielsweise stellt in dieser Zeit eine Steuer-Hotline mit Fachleuten aus verschiedenen Kantonen bereit.
- Bitten Sie Bekannte um Hilfe, die vom Thema etwas verstehen. Überlegen Sie sich, was Sie von dieser Person erwarten, und vor allem: Behalten Sie die Kontrolle, füllen Sie die Steuererklärung und die anderen Formulare selbst aus und überprüfen Sie jeden Eintrag genau. Denn selbstverständlich ist jeder und jede Steuerpflichtige selbst für die Richtigkeit aller Angaben verantwortlich.

Hilfe vom Profi

Einen professionellen Steuerberater oder eine Treuhänderin beizuziehen, ist für Angestellte mit Lohnausweis und unkomplizierten Einkommens-

und Vermögensverhältnissen nicht nötig. In besonderen Situationen – etwa nach einer schwierigen Scheidung, wenn Sie geerbt, ein Eigenheim ge- oder verkauft haben – kann dies aber anders sein. Wer sich überlegt, einen Profi beizuziehen, sollte zuerst eine einfache Rechnung machen:

Das Ausfüllen einer einfachen Steuererklärung durch eine Fachperson kostet im Normalfall 200 bis 400 Franken, eine Steuererklärung und ein Jahresabschluss für eine Einzelfirma 1000 bis 3000 Franken, und ein Treuhandmandat für einen Kleinbetrieb mit Führen der Buchhaltung, Erstellen des Jahresabschlusses, Sozialversicherungsabrechnung und Steuerberatung kommt auf 4000 bis 6000 Franken zu stehen. Wer als Privatperson in einen anderen Kanton umzieht, spart die paar Hundert Franken vielleicht schon dadurch ein, dass ein Steuerberater das Maximum an Abzügen herausholt, auf die man selbst nicht gekommen wäre. Der Inhaber der Einzelfirma, der zehn Stunden braucht, um die Steuererklärung auszufüllen, könnte stattdessen zehn Stunden für Kunden arbeiten und verrechnen, wodurch die Kosten für den Experten rasch amortisiert sind.

Und dazu kommt noch der emotionale Wert: Wer während vieler Stunden widerwillig an der Steuererklärung arbeitet, kann sich mit einer externen Fachperson viel Ärger ersparen.

TIPP *Generell gilt: Für Unternehmen – auch für kleine Firmen – lohnt sich in der Regel eine Steuerberaterin oder ein Treuhänder.*

Wie findet man professionelle Hilfe?

Wenn Sie eine Fachperson für die Steuersachen suchen, sollten Sie folgende Punkte prüfen:

- Hat der Berater eine fachliche Ausbildung, zum Beispiel als Buchhalter/Controller, Wirtschaftsprüfer, Steuerexperte, Treuhandexperte (eidgenössische Berufsprüfung oder eidgenössische höhere Fachprüfung)? Ein solcher Titel allein gibt zwar nicht völlige Sicherheit, aber ein Minimum an Kompetenz ist damit schon garantiert.
- Ist die Beraterin Mitglied von Treuhand Suisse, dem Schweizerischen Treuhänderverband, oder von ExpertSuisse, dem Expertenverband für Wirtschaftsprüfung, Steuern und Treuhand?
- Kennt der Berater die örtlichen und kantonalen Verhältnisse und Gesetze?

- Hat die Beraterin Erfahrung in der Betreuung von Betrieben in Ihrer Branche?
- Hat das Beratungsunternehmen die richtige Grösse? Eine Einzelfirma ist bei einem allein arbeitenden Steuerberater in der Regel gut betreut; ein grösserer Betrieb braucht eher eine Steuerberatungsfirma, die in den hektischen Phasen auch mal mehrere Fachleute einsetzen kann.
- Zudem sollten Sie sich vergewissern, dass die Fachperson oder Firma das Mandat neutral, motiviert und engagiert betreut. Holen Sie auf jeden Fall Referenzen und einen Kostenvoranschlag ein, bevor Sie einen Auftrag vergeben.

Und schliesslich sollte die gegenseitige Chemie stimmen; Ihrem Steuerberater, Ihrer Treuhänderin müssen Sie vertrauen können.

Die Steuererklärung Schritt für Schritt

Das Ausfüllen der Steuererklärung ist wohl für niemanden ein echtes Vergnügen. Umso wichtiger, dass Sie den Ärger oder zumindest den Aufwand in Grenzen halten, indem Sie sich gut darauf vorbereiten. Das heisst vor allem, dass Sie zuerst alles zusammensuchen und bereitlegen, was Sie brauchen werden.

Es gibt einige schwer durchschaubare Begriffe, die zum Stolperstein werden können. Die Schwierigkeit ist meist, herauszufinden, was bei den einzelnen Positionen in der Steuererklärung genau gemeint ist: Was sind beispielsweise «Kapitalabfindungen für wiederkehrende Leistungen»? Die Antwort: Darunter fallen etwa Haftpflichtleistungen für Erwerbsausfall, Lohnnachzahlungen aus der Vergangenheit oder Mietvorauszahlungen für mehrere Jahre. Bei solchen Fragen hilft nur aufmerksames Studieren der Wegleitung und, wenn das keine Klärung bringt, ein Anruf beim Steueramt. Ein Trost: Wenn Sie bei einem Punkt nicht wissen, was er bedeutet, haben Sie in der Regel wohl auch nichts einzutragen.

Anderseits weiss man manchmal zwar, dass man einen bestimmten Posten deklarieren muss, hat aber keine Ahnung, unter welche Position er fallen könnte. Oder hätten Sie gewusst, dass der Lottogewinn bei den Einkünften aus Wertschriften zu deklarieren ist?

Die richtige Vorbereitung

Folgende Unterlagen und Dokumente brauchen Sie für das Ausfüllen der Steuererklärung (selbstverständlich benötigen nicht alle Steuerpflichtigen alle Formulare):

- Für die Deklaration der Einnahmen
  - Lohnausweis, allenfalls auch mehr als einen
  - Bescheinigung der Arbeitslosenkasse über Taggelder
  - Belege über bezogene Renten oder andere Entschädigungen
  - Zinsausweise für alle Bank- und Postkonten
  - Wertschriftenverzeichnis der Banken, bei denen Sie Konten und Depots haben
  - Weitere Unterlagen wie Gutschriften von Zinsen und Dividenden, Kauf- und Verkaufsbelege von Obligationen, Aktien und anderen Wertschriften, Rückkaufswertbescheinigungen
  - Belege über Lotto- und andere Gewinne
- Für die Deklaration der Abzüge
  - Belege über Berufsauslagen wie Fahrtkosten, Kosten für auswärtige Verpflegung, Umschulung, Weiterbildung
  - Belege über Schuldzinsen
  - Belege für Kinderkosten: Fremdbetreuungskosten und Ausbildungskosten (alles, was mit der obligatorischen Schule zusammenhängt, zum Beispiel das Skilager)
  - Belege über Unterhaltsbeiträge, beispielsweise für die Kinder aus geschiedener Ehe
  - Bescheinigung der Versicherungseinrichtung oder Bankstiftung über geleistete Beiträge an die Säule 3a
  - Bescheinigung über Beitragsleistungen an Pensionskassen, die nicht im Lohnausweis enthalten sind

- Belege von bezahlten Krankenkassenprämien
  - Belege über Krankheits-, Unfall- oder Invaliditätskosten
  - Allfällige weitere Belege, etwa für Spenden
- Für Haus- und Wohnungsbesitzer
  - Belege über Mietzinseinnahmen oder die Eigenmietwertverfügung
  - Belege von Renovationen und Umbauten
  - Versicherungs- und Liegenschaftssteuerbescheinigung
- Und schliesslich
  - Steuererklärung, alle beigelegten Hilfsblätter und die Wegleitung
  - Persönliche Werkzeuge wie Papier, Schreibzeug und Taschenrechner
  - Letzte Steuererklärung: Dort nachzuschauen, wie Sie es beim letzten Mal gemacht haben, ist eine grosse Hilfe.
  - Letzte definitive Veranlagungsverfügung: Daraus wird ersichtlich, ob und was das Steueramt gegenüber Ihrer Steuererklärung geändert hat. Natürlich müssen Sie dazu auch die Steuererklärung zur Hand haben, auf die sich die Verfügung bezieht, damit Sie direkt vergleichen können.

Die einzelnen Felder

Oft tauchen beim Ausfüllen der einzelnen Felder Fragen auf: Was gilt zum Beispiel als Nebenerwerb? Müssen Vermögenswerte zum Kaufpreis oder zum aktuellen Wert deklariert werden? Welche Berufsauslagen darf der Steuerpflichtige abziehen? Warum sollte er den Lohnausweis kontrollieren? Zu diesen und weiteren Fragen finden Sie in den folgenden Absätzen Antworten. Abfolge und verwendete Begriffe sind heute in den meisten Kantonen vergleichbar.

Allgemeine Angaben

Einige Angaben sind jeweils bereits vorgedruckt – hier geben Sie nur allfällige Änderungen an. In diesen Feldern werden auch die Kinder bis zum Alter von 18 Jahren aufgeführt. Die älteren müssen selbst eine Steuererklärung ausfüllen und einreichen. Finanzieren Sie älteren Kindern, die noch in Ausbildung sind, den Unterhalt, führen Sie diese ebenfalls hier auf. Das befreit diese aber nicht davon, eine eigene Steuererklärung einzureichen.

Ebenfalls in der Rubrik «Allgemeine Angaben» sind von Ihnen unterstützte erwerbsunfähige oder beschränkt erwerbsfähige Personen einzutragen. Das sind beispielsweise Ihre Eltern oder andere Verwandte, für die Sie aufkommen.

Einkünfte

Für Angestellte und für Selbständigerwerbende gibt es je ein eigenes Feld. Sind Sie gleichzeitig angestellt – zum Beispiel in einem Teilzeitverhältnis – und selbständigerwerbend, müssen Sie beide Positionen ausfüllen.

- Einkünfte aus unselbständiger Tätigkeit: Gemeint ist der Nettolohn aus dem Lohnausweis, also nach Abzug der Beiträge an AHV, Arbeitslosenversicherung, Pensionskasse. Wenn Sie mehr als einen Lohnausweis haben, müssen Sie die Zahlen addieren. Ehepaare setzen die Zahlen für den Mann und die Frau in die separaten Felder ein.
- Einkünfte aus selbständiger Tätigkeit: Sind Sie Selbständigerwerbender, tragen Sie hier die Zahl aus dem Hilfsblatt für Steuerpflichtige mit selbständigem Erwerb ein. Wer eine Firma hat und eine Buchhaltung mit Bilanz und Erfolgsrechnung führt, setzt den Jahresgewinn ein (mehr dazu ab Seite 71).
- Einkünfte aus Nebenerwerb: Als Nebenerwerb gilt jede Tätigkeit neben dem Haupterwerb, für die Sie entschädigt werden: also eine zusätzliche Teilzeitstelle, aber auch ein bezahltes Amt in einem Verein oder der Sitz in einem Verwaltungsrat (siehe auch Seite 63). Zudem sind unter dieser Position Einkünfte aus Lizenzen und Tantiemen aufzuführen.
- Einkünfte aus Sozial- und anderen Versicherungen: Dabei geht es um Renten der AHV und IV, der Pensionskasse, der Unfall- oder Militärversicherung sowie um Arbeitslosengelder und Erwerbsausfallentschädigungen. Tragen Sie die Zahlen bei den dafür vorgesehenen Unterpunkten ein.
- Wertschriftenertrag: Dies sind neben den Erträgen auf Sparkonten die Zinsen von Obligationen oder die Dividenden von Aktien – und nicht etwa der eigentliche Wert dieser Papiere (dieser ist beim Vermögen anzugeben). Setzen Sie hier die entsprechende Zahl aus dem Wertschriftenverzeichnis ein (siehe Seite 41). Lotto-, Toto- und ähnliche Gewinne gehören ebenfalls unter diesen Punkt.
- Übrige Einkünfte und Gewinne: Das sind grundsätzlich alle Einnahmen, die nicht unter einem der bisherigen Punkte aufgeführt wurden:

EINKOMMEN IST NICHT UNBEDINGT GELD

Auch Naturallohn – das sind Leistungen, die Sie nicht in Geldform erhalten – ist steuerpflichtig; deklariert werden muss er unter «Übrige Einkünfte». Im Kanton Bern ist er unter der Position «Entschädigungen, die nicht im Nettolohn enthalten sind» aufzuführen. Verschiedene Gerichte haben beispielsweise entschieden, dass eine Konkubinatspartnerin, die ihrem Lebensgefährten den Haushalt gegen Kost, Logis und ein Taschengeld führt, diese Naturalleistungen als Erwerbseinkommen versteuern muss. Zudem werden darauf Sozialversicherungsbeiträge fällig. Der erwerbstätige Partner allerdings kann den «Lohn» für seine Partnerin in der Steuererklärung nicht absetzen. ■

- Unterhaltsbeiträge: Selbstverständlich sind Beiträge gemeint, die Sie ausgezahlt bekommen – etwa Alimente vom geschiedenen Ehegatten für Sie und für Ihre Kinder unter 18 Jahren. Alimente für Kinder über 18 Jahren, die noch in Ausbildung sind, müssen nicht mehr als Einkommen aufgeführt werden.
- Kapitalabfindungen für wiederkehrende Leistungen können zum Beispiel Lohnnachzahlungen aus der Vergangenheit sein.
- Auch Trinkgelder, Finderlohn oder etwa Genugtuungszahlungen nach einem Unfall gehören zu diesen übirgen Einkünften.

■ Positionen, die nur von Liegenschaftenbesitzern auszufüllen sind: Hierher übertragen Sie die Zahlen aus dem Hilfsblatt bzw. aus dem Liegenschaftenverzeichnis (siehe Seite 43).

Abzüge

Bei den Abzügen finden sich jeweils zwei Kolonnen: Staatssteuer und Bundessteuer. Denn die Abzüge sind nicht nur von Kanton zu Kanton verschieden, sondern auch der Bund hat dafür eigene Ansätze. Dieselbe Steuererklärung dient zur Berechnung der Staats- und Gemeindesteuern wie auch der Bundessteuer (dafür kommt vom kantonalen Steueramt eine separate Rechnung), deshalb müssen hier jeweils zwei Zahlen aufgeführt werden. Aber aufgepasst: Nicht alle Abzüge sind bei der Staats- und der Bundessteuer zulässig!

■ Berufsauslagen bei unselbständiger Erwerbstätigkeit: Angestellte können Aufwendungen für ihre Berufstätigkeit, die nicht vom Arbeitgeber übernommen werden, abziehen. Hierher gehören zum Beispiel – je nach Kanton unterschiedlich – Fahrt- und Verpflegungskosten. Diese Ausgaben werden auf einem separaten Hilfsblatt aufgeführt. Für Selbständigerwerbende fällt dieser Punkt weg, denn sie haben ihre Berufsunkosten bereits im entsprechenden Hilfsblatt oder in der Erfolgsrechnung gegen die Einnahmen aufgerechnet.

- Schuldzinsen: Darunter fallen nicht nur Zinsen für Hypotheken, sondern auch für alle anderen Kredite: Kleinkredite, Geschäftskredite, private Darlehen von Bekannten und sogar Strafzinsen für überzogene Kreditkarten (nicht aber Leasingzinsen). Weiter können hier Zinsanteile für Ratenzahlungen abgezogen werden.
- Unterhaltsbeiträge und Rentenleistungen: Unterhaltsbeiträge sind zum Beispiel Alimente für Ehegatten und für Kinder unter 18 Jahren. Alimente für ältere Kinder können nicht mehr abgezogen werden. Für diese darf nur noch der Kinderabzug (siehe Seite 60) eingesetzt werden. Wer Personen unterstützt, die beispielsweise aus gesundheitlichen Gründen beschränkt oder gar nicht erwerbsfähig und unterstützungsbedürftig sind, kann einen bestimmten Betrag vom steuerbaren Einkommen abziehen. Bei der direkten Bundessteuer sind das pro unterstützte Person maximal 6500 Franken.
- Beiträge an anerkannte Formen der gebundenen Selbstvorsorge (Säule 3a): Gemeint sind hier die Einzahlungen in ein 3a-Konto oder die Prämien für eine 3a-Police. Die Beträge finden Sie auf dem Beleg der Vorsorgeinstitution, den Sie ebenfalls beilegen müssen (mehr zur Säule 3a auf Seite 151).
- Versicherungsprämien: Beiträge an persönliche Versicherungen wie Lebens-, Unfall- und Krankenpolicen können bis zu den angegebenen Höchstsätzen abgezogen werden, nicht aber die Prämien für die Auto- oder Hausratversicherung. Je nachdem, ob Sie zusätzlich Beiträge in die 2. oder 3. Säule eingezahlt haben, gelten andere Höchstsätze (siehe Seite 57).
- Weitere Abzüge: Hierher gehören Beiträge an AHV, IV und 2. Säule, die nicht im Lohnausweis als Arbeitnehmerbeiträge aufgeführt sind und so den Nettolohn beeinflusst haben.
  - Beiträge für politische Parteien und gemeinnützige Institutionen sind mit Quittungen zu belegen. Welche Institutionen steuerbegünstigt unterstützt werden können, ist kantonal unterschiedlich.
  - Aus- und Weiterbildungskosten (siehe Seite 55)

- Kosten für die Verwaltung des Privatvermögens: Das sind beispielsweise Depot-, Safe- und Kontoführungsgebühren. Abgezogen werden können auch Quellensteuern, die auf ausländische Anlagen erhoben werden und nicht zurückgefordert werden können. Verschiedene Kantone kennen für diesen Abzug eine Pauschale.
- Weitere Abzüge: Hier können Sie zum Beispiel Lottoeinsätze aufführen – jedoch nur bis zur Höhe der Gewinne, die Sie bei den Einkünften deklarieren. Dann fallen unter diese Position auch AHV-Beiträge für nicht erwerbstätige Personen.

- In manchen Kantonen gibt es einen Sonderabzug bei Erwerbstätigkeit beider Ehegatten. Dieser dient dazu, die höhere Besteuerung von Ehepaaren gegenüber Konkubinatspaaren zu mildern.

TIPP *Genauso, wie Sie als Beleg für Ihr Einkommen den Lohnausweis beilegen müssen, will das Steueramt auch bei den Abzügen Bescheinigungen sehen. Für gewisse Positionen liegt bereits ein Formular bei, etwa für die Aufstellung der Berufsauslagen; dies ist allerdings von Kanton zu Kanton unterschiedlich (mehr zum Thema Abzüge auf Seite 50).*

Vermögen

Vermögenswerte sind grundsätzlich zum aktuellen oder zum Verkehrswert aufzuführen. Das ist der Wert, den man zu diesem Zeitpunkt bei einem Verkauf erzielen würde, im Gegensatz zum Neuwert (bei Sachwerten wie einem Auto oder einem Haus) oder zum Kaufkurs (beispielsweise bei Aktien und Obligationen). Da in der Regel die Steuererklärung für ein Jahr ausgefüllt wird, gilt als Stichtag für die Vermögensbewertung der 31. Dezember. Steuerausweise, die Sie von der Bank oder Versicherungsgesellschaft erhalten, werden ohnehin auf dieses Datum ausgestellt.

- Bewegliches Vermögen, Wertschriften und Guthaben: Das Wertschriftenverzeichnis (siehe Seite 41) haben Sie bereits bei der Angabe des Einkommens gebraucht, um die Zinsen und Dividenden einzutragen. Hier sind nun diejenigen Zahlen einzusetzen, die im Steuerauszug der Bank als Wert oder Steuerwert deklariert sind.
- Bargeld, Gold und andere Edelmetalle: Gemeint sind nicht der Inhalt des Portemonnaies oder die drei Goldvreneli. Aber wer 10 000 Franken unter der Matratze versteckt hat, muss diese hier deklarieren.

- Lebens- und Rentenversicherungen: Damit sind Versicherungen der Säule 3b gemeint (Guthaben bei der Säule 3a müssen nicht als Vermögen versteuert werden). Einzusetzen ist der sogenannte Rückkaufswert. Das ist der Wert, den der Versicherer Ihnen auszahlen würde, wenn Sie die Police jetzt auflösen würden. Diesen Wert teilt Ihnen der Versicherer jeweils per Ende Jahr mit, die Bescheinigung müssen Sie der Steuererklärung beilegen (mehr zur Säule 3b auf Seite 155).
- Motorfahrzeuge: Auch diese müssen als Vermögen deklariert werden. Einige Kantone veröffentlichen Tabellen für den aktuellen Wert, je nach Alter und Neupreis der Fahrzeuge; andere gewähren pro Jahr einen Prozentsatz des Kaufpreises als Abschreibung.
- Anteil an unverteilten Erbschaften bzw. Erbengemeinschaften, Anteile am Vermögen von Geschäften: Diese Werte listen Sie auf einem separaten Blatt auf, auf dem auch die Namen und die Anteile der anderen Erben oder der weiteren am Geschäft Beteiligten aufgeführt sind.
- Übrige Vermögenswerte: Darunter fällt alles von Wert, was Sie nicht bereits weiter oben aufgeführt haben: das Boot, der Wohnwagen, die Gemäldesammlung und andere Kunstwerke, Schmuck, das Privatflugzeug, das Pferd. Der Hausrat ist in den meisten Kantonen ganz oder teilweise steuerfrei.
- Liegenschaften: Hier sind die Angaben aus dem Liegenschaftenverzeichnis zu übertragen (siehe Seite 43).
- Betriebsvermögen Selbständigerwerbender: Übertragen Sie hier die Angaben vom entsprechenden Beiblatt. Wer eine kaufmännische Buchhaltung führt (siehe Seite 72), muss die Bilanz und die Erfolgsrechnung beilegen – bei mehreren Geschäften die Unterlagen für alle Firmen. Wenn jemand keine Buchhaltung führt, verlangt das Steueramt mindestens eine Aufstellung über die Aktiven und Passiven, die Einnahmen und Ausgaben sowie die Beträge, die man für sich privat aus der Kasse entnommen oder in diese eingebracht hat. Für land- und forstwirtschaftliche Betriebe haben einzelne Kantone separate Beiblätter, andere erfassen diese Betriebe mit den allgemeinen Formularen für Selbständigerwerbende.

Schulden

Unter diese Position fallen vor allem Hypothekarkredite, aber auch Geschäfts- und Kleinkredite (zum Beispiel für ein Auto) und private Darlehen von Freunden oder Geschäftspartnern. Weiter können hier offene Rechnungen für grössere Anschaffungen oder Handwerkerarbeiten abgezogen werden. Wenn Sie solche Schulden geltend machen wollen, müssen Sie auf jeden Fall den oder die Namen der Gläubiger angeben. Die Beträge übernehmen Sie aus dem Schuldenverzeichnis, das Sie auch für die Berechnung der Schuldzinsen bei den Abzügen vom Einkommen benötigen (siehe Seite 43).

TIPP *Nicht vergessen: Auch den Negativsaldo eines Kontos können Sie als Schuld ausweisen. Diesen führen Sie nicht etwa im Wertschriften-, sondern im Schuldenverzeichnis auf.*

Steuerbares Vermögen

Jetzt ist es praktisch geschafft: Aus Einkommen und Abzügen haben Sie bereits das steuerbare Einkommen berechnet, aus Vermögen und Schulden erhalten Sie nun auch das steuerbare Vermögen.

INFO *Kapitalleistungen aus Vorsorge sind einmalige Auszahlungen (also nicht die Renten) aus der 2. oder der 3. Säule. Diese müssen Sie separat aufführen, weil sie separat vom übrigen Einkommen und zu unterschiedlichen Sätzen besteuert werden* *(siehe Seite 151 und 152)*.

Lohnausweis, Wertschriftenverzeichnis und andere Beilagen

Für Ihre Steuererklärung – egal ob elektronisch oder auf Papier – müssen Sie selbstverständlich nur diejenigen Formulare ausfüllen, auf denen Sie etwas einzutragen haben. Dokumente, die beizulegen sind, erhalten Sie vom Arbeitgeber, von der Bank oder von einer Versicherungsgesellschaft. Im Folgenden werden die wichtigsten kurz beschrieben.

Lohnausweis

Für Arbeitnehmer ist der Lohnausweis sicher das wichtigste Dokument. Oft muss er aber gar nicht beigelegt werden, weil die Arbeitgeber ihn direkt an die Steuerbehörden schicken.

ACHTUNG *Zwar wird der Lohnausweis vom Arbeitgeber ausgefüllt, doch wenn die Angaben nicht korrekt sind, trifft es den Steuerpflichtigen. Überprüfen Sie deshalb, ob alle Ihre Bezüge korrekt deklariert wurden.*

Formular Berufsauslagen

Hier tragen Sie die verschiedenen Auslagen ein, die Sie im Zusammenhang mit Ihrer Berufstätigkeit hatten, etwa die Fahrt- oder Verpflegungskosten (siehe Seite 50). Zum Teil sind Pauschalabzüge möglich. Ziehen Sie bloss die Pauschale ab, brauchen Sie nichts zu belegen. Wenn Sie jedoch höhere effektive Kosten abziehen wollen, müssen Sie den ganzen Betrag nachweisen.

Wertschriftenverzeichnis

Besitzen Sie Vermögen – dazu gehören neben den Bankkonten vor allem Aktien und Obligationen, aber auch Anteile von Anlagefonds oder Optionen –, müssen Sie dies im Wertschriftenverzeichnis aufführen. Das wird Ihnen einfach gemacht, denn von der Bank erhalten Sie einen Steuerauszug, auf dem Sie alle Angaben per 31. Dezember des Jahres finden.

Im Wertschriftenverzeichnis müssen Sie zwei Zahlen eintragen: Einerseits den eigentlichen Wert der einzelnen Vermögensbestandteile, der als «Steuerwert» bezeichnet wird. Beim Bankkonto ist das der Stand per Ende Jahr; bei Wertpapieren ist es der Betrag, den man ausgezahlt bekommen hätte, wenn man die Papiere am Stichtag, also am 31. Dezember, verkauft hätte. Anderseits geben Sie die Erträge an, also die Zinsen bzw. die Dividenden, die Sie auf Ihren Konten und Wertpapieren im laufenden Jahr ausgezahlt erhalten haben. Der Ertrag – das ist ja das, was man mit der Anlage verdient hat – wird als Einkommen versteuert, der Wert als Vermögen. Unterschieden wird dabei zwischen Werten mit und ohne Verrechnungssteuer:

- **Werte mit Verrechnungssteuer**
  Grundsätzlich besteuert der Bund die Erträge von Schweizer Konten und Wertschriften direkt, und zwar zum Satz von 35 Prozent. Das heisst: Wenn Sie für eine Anlage Dividenden oder Zinsen im Betrag von 1000 Franken erhalten, werden nur 650 Franken davon auf Ihr Konto überwiesen; die übrigen 350 Franken gehen von der Bank direkt zum Bund. Wenn Sie später in der Steuererklärung Ihre Wertschriften

korrekt deklarieren, werden Ihnen diese 350 Franken in der Steuerrechnung wieder gutgeschrieben. Dasselbe gilt für viele Versicherungsleistungen. Das Ganze sieht auf den ersten Blick nach Leerlauf aus, ist aber keiner: Der Teil der Zinsen und Dividenden, der sozusagen einen Umweg macht, kommt zwar zur Empfängerin, zum Empfänger zurück. Aber nur, wenn der gesamte Zinsertrag in der Steuererklärung deklariert wurde – und damit auch Einkommenssteuern darauf bezahlt werden. Im Wertschriftenverzeichnis tragen Sie alle Vermögensbestandteile mit Verrechnungssteuerabzug in die vorgesehenen Felder ein und errechnen dann das Total für den Wert und für den Ertrag. Eingesetzt wird jeweils der Bruttoertrag ohne Abzug der Verrechnungssteuer. Den Betrag können Sie aus den Belegen der Finanzinstitute ablesen und ins dafür vorgesehene Feld eintragen. 35 Prozent davon zieht Ihnen das Steueramt von der Gesamtsteuerschuld ab.

- **Werte ohne Verrechnungssteuer**
  Dazu gehören Zinserträge von weniger als 200 Franken sowie ausländische Wertpapiere. Viele Anlagefonds – auch solche von Schweizer Banken – werden im Ausland aufgelegt und unterstehen dem Recht des jeweiligen Staates. Darauf können logischerweise weder der Bund noch die Kantone Verrechnungssteuern erheben. Das ändert allerdings nichts daran, dass man als Steuerpflichtige, als Steuerpflichtiger in der Schweiz die Erträge versteuern muss.

Im Wertschriftenverzeichnis aufführen müssen Sie auch Lotto-, Lotterie- oder Totogewinne, unabhängig davon, ob sie verrechnungssteuerfrei sind oder nicht. Für die Steuererklärung 2018 gilt die alte Regelung, wonach Lottogewinne bloss bis zu 1000 Franken verrechnungssteuerfrei sind. Ab 2019 wird die Verrechnungssteuer nur noch bei sehr wenigen Gewinnen abgezogen: Ab diesem Jahr liegt die Grenze bei einem Spielgewinn von einer Million Franken. Gewinne in Spielbanken bleiben weiterhin ohne Begrenzung steuerfrei.

Die Beträge tragen Sie in die Kolonnen «Steuerwert» und «Ertrag» ein. Und vergessen Sie nicht, die Belege beizulegen (Steuerauszug der Bank, des Versicherers, Beleg der Lottogesellschaft).

Aufführen müssen Sie ferner Erbschaften und Schenkungen und eventuell Versicherungsleistungen wie Kapitalauszahlungen aus Lebensversicherungen. Diese Werte müssen aber nicht als Ertrag deklariert werden.

Schuldenverzeichnis

Im Schuldenverzeichnis führen Sie die einzelnen Schulden und die Zinsen dafür auf. Zu jeder Position müssen Sie Namen und Adresse des Gläubigers angeben. In vielen Kantonen wird unterschieden zwischen Grundpfandschulden (Hypotheken) und anderen Schulden. Die Schulden können Sie beim Vermögen, die Schuldzinsen beim Einkommen abziehen.

Liegenschaftenverzeichnis

Im Liegenschaftenverzeichnis und allenfalls in weiteren Bei- oder Hilfsblättern müssen Sie alle Liegenschaften aufführen, die Sie besitzen, also Wohnungen, Häuser, Gewerberäume, Lager, Garagen, unbebaute Grundstücke etc. Hinzu kommen weitere Angaben wie Aufstellungen über die Erträge (Mieteinnahmen) und die Kosten für Unterhalt und Verwaltung. Denken Sie daran, dass Sie auch für die selbst bewohnte Eigentumswohnung oder das eigene Haus einen Wert, den sogenannten Eigenmietwert, einsetzen müssen (mehr dazu auf Seite 110).

Steuereinschätzung und Einsprache

Wer mit einem unangenehmen Thema zu tun hat, möchte es so problemlos wie möglich hinter sich bringen. Das klappt allerdings nicht immer. Es kann passieren, dass man den Termin für die Einreichung der Steuererklärung verpasst oder sie unvollständig abliefert.

Zuerst wird einen die Behörde an die verpasste Frist oder die fehlenden Dokumente erinnern. Wer die Unterlagen dann noch immer nicht einschickt, wird eingeschätzt – nach dem Ermessen der Behörden. Die Steuerbeamten schätzen also, was die betreffende Person oder das Unternehmen an Einkommen oder Gewinn und an Vermögen haben dürfte, und stellen auf dieser Basis die Steuerrechnung aus.

In vielen Fällen kommen Sie bei einer Einschätzung durch die Behörde schlechter weg, als wenn Sie selbst Ihre Zahlen zusammengestellt hätten – der Steuerbeamte wird kaum besonders grosszügig sein. Kommen Sie jedoch besser weg und stellt sich später heraus, dass die Einschätzung zu tief ausgefallen ist, werden Nachsteuern und eventuell auch Strafsteuern fällig.

TIPP *Wenn Sie sehen, dass es knapp wird mit dem fristgerechten Einreichen der Steuererklärung, sollten Sie ein Gesuch um Fristverlängerung stellen. In gewissen Kantonen braucht es dazu eine Begründung, in anderen nicht. Und je nach Dauer der Fristerstreckung ist diese in einigen Kantonen kostenlos oder eben auch nicht. Am einfachsten stellen Sie das Gesuch per Internet. In der Regel wird es anstandslos bewilligt.*

Die Steuererklärung wird abgeändert

Auch eine rechtzeitig und vollständig eingereichte Steuererklärung kann korrigiert werden, wenn der kontrollierende Beamte überzeugt ist, dass einzelne Positionen nicht der Wirklichkeit entsprechen. Er wird also sicher eingreifen, wenn jemand bei den allgemeinen Angaben ein Kind aufführt, aber den Abzug für zwei Kinder vornimmt. Anderseits wird er durchaus auch korrigieren, wenn jemand zu eigenen Ungunsten einen Fehler gemacht, etwa den persönlichen Abzug vergessen hat.

Bekommen Sie die definitive Verfügung zugestellt, ist es deshalb ratsam, diese genau zu prüfen (siehe Kasten). Wird eine Steuererklärung korrigiert, müssen die Änderungen gekennzeichnet und begründet werden.

Der Rechtsweg

Wer mit der Verfügung des Steuerbeamten nicht einverstanden ist, kann dagegen **Einsprache** erheben. Diese muss in den meisten Kantonen innert 30 Tagen eingereicht werden; am besten tun Sie das mit einem eingeschriebenen Brief – in einigen Kantonen ist dies auch elektronisch möglich. In Ihrer Einsprache stellen Sie einen Antrag, begründen, warum Sie

DIE STEUERVERANLAGUNG KONTROLLIEREN

Steuerbeamte sind auch nur Menschen und es können ihnen Fehler unterlaufen. Deshalb lohnt es sich, die Veranlagung und die Steuerrechnung zu prüfen. Dies betrifft vor allem Korrekturen, die an der Steuererklärung vorgenommen wurden. Wenn Sie die Formulare handschriftlich ausgefüllt haben, kann es zudem beim Übertrag in den Computer zu Tippfehlern kommen. Kontrollieren Sie also, ob folgende wichtigen Punkte korrekt sind respektive übereinstimmen:

- Zahlen für das steuerbare Einkommen und Vermögen auf der Steuerrechnung, der Steuerveranlagung und der Steuererklärung
- Richtige Konfession
- Verrechnungssteuer auf der Rechnung, der Veranlagung und der Steuererklärung bzw. dem Wertschriftenverzeichnis
- Steuerperiode, wenn Sie nicht während des ganzen Jahres in der Schweiz gewohnt haben

Das sind die häufigsten Fehlerquellen; wenn diese Punkte korrekt sind, können Sie davon ausgehen, dass dies auch für die gesamte Rechnung gilt.

mit den Korrekturen nicht einverstanden sind, und belegen dies wenn immer möglich mit Dokumenten.

Solche Einsprachen werden normalerweise von den Steuerbehörden aufgrund der vorgelegten Dokumente und Akten entschieden. Es ist allerdings zulässig, die Einsprache persönlich auf dem Steueramt zu begründen; wer dies möchte, muss es ausdrücklich verlangen. Bis die ganze Sache erledigt ist und Sie den **Einspracheentscheid** erhalten, kann es mehrere Monate dauern. Das Verfahren ist kostenlos.

ACHTUNG *Ist die Einsprachefrist abgelaufen, ist eine Wiederaufnahme des Verfahrens in Form einer Revision nur dann noch möglich, wenn nachträglich wichtige Tatsachen zum Vorschein kommen, die vorher nicht bekannt waren. Fehler des Steuerbeamten genügen nicht als Begründung für eine Wiederaufnahme, denn diese waren ja bereits in der Verfügung enthalten und hätten in der normalen Frist entdeckt werden können. Eine solche Revision ist nicht mehr gratis.*

Haben Sie eine Einsprache erhoben und wurde diese abgelehnt, können Sie einen **Rekurs** einreichen. Zuständig ist in den meisten Kantonen das Verwaltungsgericht, einige kennen aber auch eine eigene Steuerrekursinstanz. Der Rekurs ist kostenpflichtig. Die Höhe der Kosten richtet sich nach der Höhe der Streitsumme und der Komplexität des Falles. Sie können 500, aber auch 5000 Franken und mehr betragen. Allenfalls müssen Sie neben den Gerichtskosten zudem Ihre Anwaltskosten bezahlen. Bekommen Sie recht, erhalten Sie eine Entschädigung für die Anwaltskosten zugesprochen, die aber nicht unbedingt den vollen Betrag deckt.

Als allerletzte Möglichkeit bleibt Ihnen schliesslich der Gang ans **Bundesgericht** – das ist aber sicher nur in absoluten Ausnahmefällen zu empfehlen.

TIPPS *Innert welcher Frist und bei welcher Stelle Sie Ihre Einsprache oder Ihren Rekurs einreichen müssen, ist auf der Steuerverfügung bzw. auf dem Einspracheentscheid angegeben. Halten Sie sich unbedingt an diese Fristen, sonst verwirken Sie Ihr Recht.*

Bevor Sie einen Rekurs einreichen, sollten Sie sich bei einer Rechtsanwältin oder einem Steuerberater über Ihre Chancen und die voraussichtlichen Kosten informieren.

Lohnausweis – Certificat de salaire – Certifi
Rentenbescheinigung – Attestation de re
A
B
C
AHV-Nr. – No AVS – N. AVS
D
Jahr – Année – Anno
E
von – du – dal
bis – au – al
H
1. Lohn soweit nicht unter Ziffer 2–7 aufzuführen
Salaire qui ne concerne pas les chiffres 2 à 7 ci-des
Salario se non da indicare sotto cifre da 2 a 7 più
2.1 Verpf
2.2 Pri
2.3

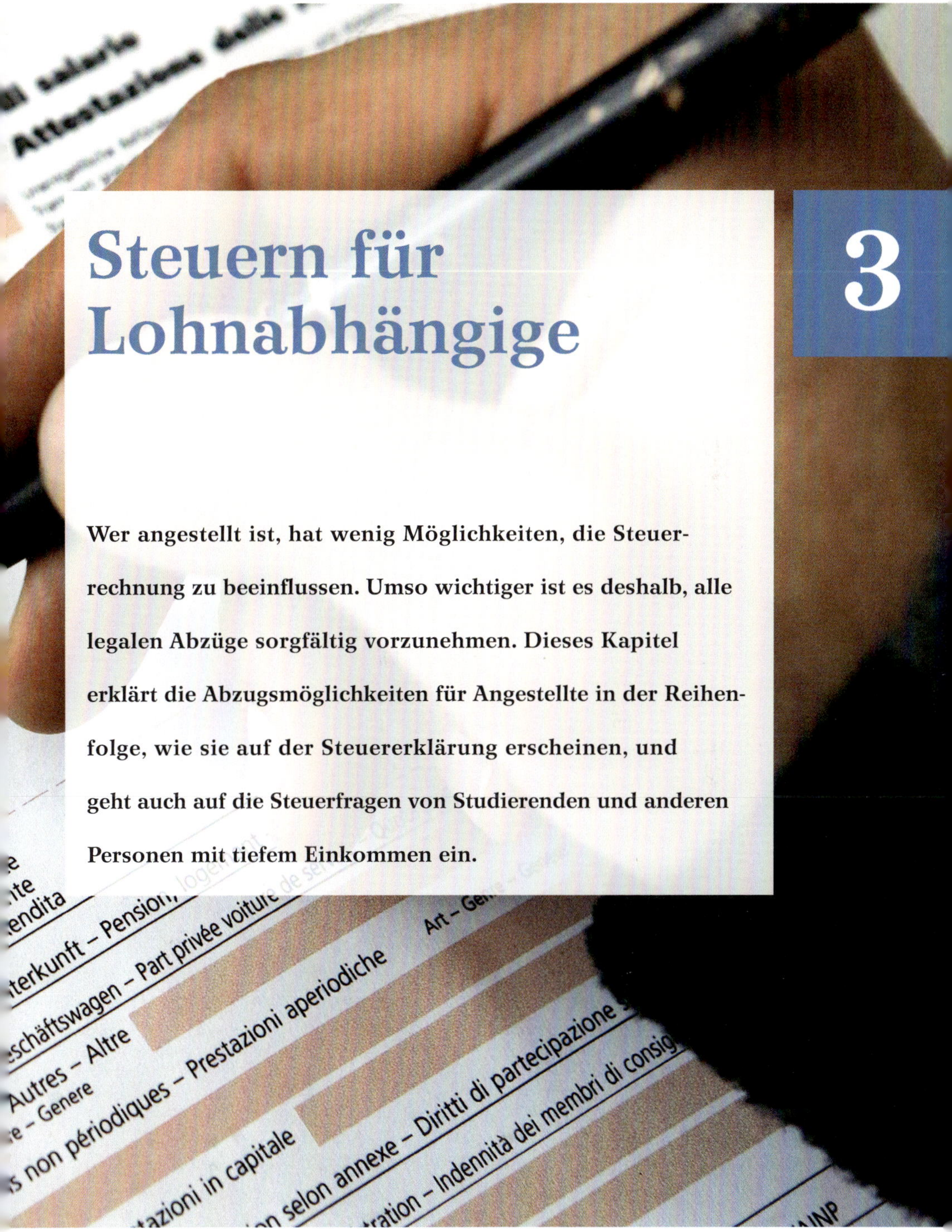

Steuern für Lohnabhängige

3

Wer angestellt ist, hat wenig Möglichkeiten, die Steuerrechnung zu beeinflussen. Umso wichtiger ist es deshalb, alle legalen Abzüge sorgfältig vorzunehmen. Dieses Kapitel erklärt die Abzugsmöglichkeiten für Angestellte in der Reihenfolge, wie sie auf der Steuererklärung erscheinen, und geht auch auf die Steuerfragen von Studierenden und anderen Personen mit tiefem Einkommen ein.

Abzüge für Normalverdiener

Rund 80 Prozent aller Erwerbstätigen in der Schweiz sind angestellt. Sie haben weniger Möglichkeiten als Selbständigerwerbende, Steuerabzüge geltend zu machen; umso wichtiger ist es, diese genau zu prüfen und voll auszuschöpfen.

Die Abzüge sind von Kanton zu Kanton verschieden. Die hier aufgelisteten Informationen können nicht alle Spezial- und Einzelfälle berücksichtigen. Es ist deshalb in jedem Fall wichtig, dass Sie die genauen Angaben für Ihre Situation aus Ihren aktuellen Unterlagen, also der Steuererklärung und der Wegleitung, übernehmen.

Der allgemeine Abzug für Berufsauslagen

Die Steuerbehörden gehen davon aus, dass auch Angestellte für die Ausübung ihres Berufs Unkosten haben, die ihnen der Arbeitgeber nicht vollständig vergütet. Deshalb sind Abzüge für die Fahrt zum Arbeitsplatz, für auswärtige Verpflegung, für Weiterbildung sowie ein allgemeiner Abzug gestattet. Arbeitslose können hier ihre Bewerbungskosten abziehen.

Der allgemeine Abzug deckt die Kosten für Berufskleider, Werkzeuge, Fachliteratur, Verbandsbeiträge, aber auch für die Benutzung eines privaten Arbeitsraums zu Hause inklusive Beschaffung der nötigen Einrichtung. Dafür kann man eine von der Höhe des Lohns abhängige Pauschale ohne weitere Begründung einsetzen.

Wenn Sie höhere Berufsauslagen haben, können Sie statt der Pauschale die tatsächlichen Kosten abziehen. Dazu müssen Sie diese separat auflisten und mit Belegen nachweisen. Aber aufgepasst: Sie müssen belegen können, dass Ihnen diese Berufsauslagen vom Arbeitgeber tatsächlich nicht vergütet werden!

Eine Zusammenstellung der Pauschalen für Berufsauslagen in den Kantonen finden Sie in der Tabelle «Pauschalbeträge für allgemeine Berufsauslagen» unter www.beobachter.ch/download.

MIT EINEM UMZUG STEUERN SPAREN

Die wirksamste Steuersparmöglichkeit für alle Schweizerinnen und Schweizer wäre der Umzug in eine andere Gemeinde oder einen anderen Kanton. Die Unterschiede in der Belastung sind enorm. Arbeitsplatz, Hausbesitz, Schulen der Kinder, Verwurzelung an einem Ort sprechen allerdings meist gegen einen Umzug. Kommt hinzu, dass an steuergünstigen Orten die Hauspreise und Mieten oft deutlich höher sind. Doch wenn jemand aus beruflichen oder persönlichen Gründen ohnehin einen Umzug plant, ist es durchaus sinnvoll, unter allen Auswahlkriterien für den neuen Wohnort auch die Steuerbelastung in die Überlegungen mit einzubeziehen.

Wer innerhalb des Jahres in einen anderen Kanton umzieht, zahlt die Steuern für das ganze Jahr am neuen Ort. Ausgenommen von dieser Regel sind Kapitalauszahlungen aus Vorsorgeeinrichtungen (Alterskapital) und wegen Tod oder Invalidität; diese müssen dort versteuert werden, wo die Empfängerin, der Empfänger im Zeitpunkt der Auszahlung gewohnt hat.

Die Regelungen für einen Umzug innerhalb des Kantons sind unterschiedlich; in den meisten Kantonen zahlt man die Steuern dort, wo man am Ende des Jahres Wohnsitz hat.

Wer während des Jahres aus dem Ausland in die Schweiz oder aus der Schweiz ins Ausland zieht, wird nur für die Dauer des Wohnsitzes in der Schweiz besteuert. Einkommens- und Vermögenssteuern werden anteilsmässig berechnet. ■

Büro zu Hause

Für einen Arbeitsraum zu Hause können schnell einmal Kosten entstehen, die über der Pauschale liegen. In diesem Fall dürfen alle Ausgaben angerechnet werden, zum Beispiel für Mobiliar, für Kauf, Ersatz und Unterhalt von Geräten wie Computern oder von Werkzeugen, die Reinigungskosten, Telekommunikationskosten sowie ein Mietanteil und der entsprechende Teil der Nebenkosten. Der Mietanteil pro Raum wird in der Regel folgendermassen berechnet: Höhe der Wohnungsmiete oder des Eigenmietwerts geteilt durch die Anzahl Zimmer plus zwei (Küche und Bad). Ein solches Büro darf dann allerdings nicht für weitere Zwecke – etwa als Bastel- oder Gästezimmer – benutzt werden.

Aufgepasst auch bei den Kosten für Geräte und Mobiliar: Anschaffungen für mehrere Tausend Franken gelten als Investitionen, die über mindestens drei oder vier Jahre abgeschrieben werden müssen. Das heisst, Sie dürfen jedes Jahr nur den entsprechenden Teil der Anschaffungskosten als Abzug aufführen, nicht den ganzen Betrag auf einmal.

Der Abzug für einen Arbeitsraum zu Hause wird nur akzeptiert, wenn der Arbeitgeber keinen geeigneten Arbeitsplatz zur Verfügung stellt – und das ist selten der Fall. Typisches Beispiel sind etwa Handelsreisende. Weitere Gründe dafür, dass Sie wirklich einen Arbeitsplatz zu Hause brauchen, können beispielsweise sein, dass Sie oft ausserhalb der üblichen Zeiten arbeiten müssen oder dass die Arbeit am normalen Arbeitsplatz wegen bestimmter Umstände wie Lärm nicht zumutbar ist. Solche Begründungen wird der Steuerbeamte allerdings genau unter die Lupe nehmen, denn im Normalfall lässt sich kaum belegen, dass man als Angestellter nicht am eigentlichen Arbeitsplatz arbeiten kann.

Weitere Berufsauslagen

Im Gegensatz zum allgemeinen pauschalen Abzug müssen weitere Abzüge für Berufsauslagen begründet und auf Verlangen belegt werden können. Dazu gehören:

Fahrt zum Arbeitsplatz

Grundsätzlich dürfen die Kosten für die Fahrten zur Arbeit und wieder zurück vom Einkommen abgezogen werden – vorausgesetzt, der Arbeitsplatz ist nicht gleich um die Ecke. Ausserdem geht die Steuerbehörde davon aus, dass man die öffentlichen Verkehrsmittel benutzt; der Abzug entspricht deshalb den Kosten für Bahn oder Bus, zweite Klasse. Wer die Autokosten abziehen will, muss dafür einen guten Grund angeben können. Ausnahmen werden vor allem in folgenden Fällen akzeptiert:

- wenn die Zeitersparnis mit dem Auto sehr gross ist, je nach Kanton eine bis eineinhalb Stunden täglich
- wenn es am Wohnort keine Haltestelle des öffentlichen Verkehrs gibt oder wenn diese sehr weit entfernt ist (meist mindestens einen Kilometer)
- wenn jemand krank, gebrechlich oder gehbehindert ist und ihm aus diesem Grund die Benutzung des öffentlichen Verkehrs nicht zugemutet werden kann
- wenn jemand das Auto am Arbeitsplatz bzw. während der Arbeitszeit braucht
- wenn jemand unregelmässig arbeitet (Schicht- oder Nachtarbeit)

Wer auch die Kosten für die Heimfahrt zum Mittagessen abziehen will, darf höchstens den Betrag für auswärtige Verpflegung einsetzen.

Mehrkosten für auswärtige Verpflegung

An sich kann man Essenskosten nicht abziehen, denn sie gehören zu den normalen Lebenshaltungskosten. Hingegen haben Sie einen Anspruch auf Abzug der Mehrkosten, wenn Sie aus beruflichen Gründen nicht zu Hause essen können, sei es dass der Arbeitsweg zu weit oder die Pause zu kurz ist. Wenn der Arbeitgeber das Essen verbilligt – mit einer Betriebskantine oder mit Gutscheinen wie Lunch-Checks –, müssen Sie das in der Steuererklärung angeben. Dann ist nur der halbe Abzug erlaubt. Eine solche Verbilligung deklariert der Arbeitgeber im Lohnausweis.

ACHTUNG *Wenn Sie grosszügige Pauschalspesen erhalten, die auf dem Lohnausweis deklariert sind, können Sie unter Umständen in der Steuererklärung nicht mehr den vollen Abzug vornehmen.*

BESCHRÄNKUNG DES ABZUGS FÜR DEN ARBEITSWEG

Seit 2016 können Pendler bei der direkten Bundessteuer noch maximal 3000 Franken pro Jahr als Ausgaben für den Arbeitsweg abziehen. Das ist eine Folge des Ja zum Bundesbeschluss über die Finanzierung und den Ausbau der Eisenbahninfrastruktur (Fabi). Die Kantone entscheiden individuell, wie hoch der Pendlerabzug ausfällt. Wer ein GA hat, dürfte etwas mehr Steuern zahlen müssen. Auch viele Autofahrer werden stärker zur Kasse gebeten.

Die Neuerung trifft aber ebenso Steuerpflichtige, denen der Arbeitgeber ein Auto finanziert. Früher mussten sie für die private Nutzung des Fahrzeugs jährlich einen Pauschalanteil von 9,6 Prozent des Wertes als Einkommen versteuern (im Lohnausweis aufgeführt). Die vom Arbeitgeber bezahlten Kosten für den Arbeitsweg konnten sie nicht abziehen, da diese ja über das Geschäftsauto vom Arbeitgeber finanziert waren. Heute wird folgendermassen gerechnet: Betragen die tatsächlichen Kosten für den Arbeitsweg beispielsweise 10 000 Franken, werden zusätzlich 7000 Franken, das heisst die Differenz zum Abzug von 3000 Franken, als fiktives Einkommen hinzugerechnet. Deklarieren muss der Steuerpflichtige dies selber. Die Idee dahinter: Andere Pendler, die ebenfalls hohe Fahrtkosten finanzieren, sollen steuerlich nicht benachteiligt werden.

Eine Zusammenstellung der Obergrenzen für Fahrtkosten finden Sie in der Tabelle «Fahrkostenabzug» unter www.beobachter.ch/download. ■

Abzüge für Wochenaufenthalter

Wer aus beruflichen Gründen während der Woche auswärts übernachtet und nur am Wochenende an seinem Steuerdomizil lebt, kann sich als Wochenaufenthalter anerkennen lassen. Das kann steuerlich interessant sein, wenn die Sätze am Wohnort einiges tiefer sind als am Arbeitsort. Allerdings muss man belegen können, dass die tägliche Heimfahrt wirklich nicht zumutbar ist. Dann dürfen für die Übernachtung die ortsüblichen Kosten für ein Zimmer abgezogen werden, dazu für Mahlzeiten 15 Franken pro Tag oder 3200 Franken pro Jahr. Für die Reise zwischen den beiden Orten sind in der Regel nur die Kosten für die öffentlichen Verkehrsmittel abzugsberechtigt; Ausnahmen müssen begründet werden.

Die Steuerbehörden am Arbeitsort haben ein wachsames Auge auf solche Konstruktionen – vor allem bei jungen Berufstätigen, die den Wohnsitz am steuergünstigen Wohnort der Eltern belassen – und schicken Wochenaufenthaltern gern ebenfalls eine Steuerrechnung. Wer dies vermeiden will, muss seinen Status als Wochenaufenthalter beweisen. Voraussetzung ist, dass man normalerweise jedes Wochenende nach Hause fährt, dort familiäre Beziehungen pflegt, einen Freundeskreis hat, in einem Verein tätig ist, sich politisch engagiert. Dann stellt einem die Wohngemeinde einen Ausweis aus.

Abzüge für Nebenerwerb

Als Nebenerwerb gilt einerseits jede weitere Tätigkeit neben dem Haupterwerb, für die man einen Lohn oder ein Honorar bekommt, anderseits aber auch die gelegentliche oder unregelmässige Arbeit einer Person, die keine Haupterwerbstätigkeit ausübt (siehe auch Seite 35).

Für Einkommen aus einer unselbständigen Nebenerwerbstätigkeit können Sie bei der direkten Bundessteuer und in den meisten Kantonen pauschal und ohne Ausgabenbelege 20 Prozent Ihrer Einkünfte abziehen (mindestens 800 Franken und maximal 2400 Franken). Beilegen müssen Sie den Lohnausweis für die Einkünfte, die Sie an der entsprechenden Stelle in der Steuererklärung deklariert haben. Auch hier ist es zulässig, statt der Pauschale die effektiven Ausgaben geltend zu machen – sofern Sie sie alle belegen können. Handelt es sich beim Nebenerwerb um eine selbständige Tätigkeit, müssen die Einnahmen und Ausgaben detailliert aufgelistet werden.

Kosten für Aus- und Weiterbildung

Anfang 2016 ist eine Gesetzesänderung in Kraft getreten. Im Gegensatz zur früheren Regelung wird nun nicht mehr zwischen Aus- und Weiterbildungskosten unterschieden – vorher war nur berufliche Weiterbildung steuerlich abzugsfähig. Damit sind viele Abgrenzungsprobleme weggefallen, eine Erleichterung für die Steuerpflichtigen wie für die Steuerbehörden. Bei der Bundessteuer sind jährlich bis zu 12 000 Franken abziehbar. Die Kantone können die Höhe individuell festlegen.

Als Aus- und Weiterbildung gelten zum Beispiel Kurse für höhere Berufs- und Fachprüfungen, Nachdiplomstudien, Bachelor- und Masterstudiengänge an Hochschulen, aber auch Sprachkurse, Führungsausbildung und anderes mehr. Wenn der Arbeitgeber einen Teil der Kosten übernimmt, muss dies weder als Einkommen versteuert noch auf dem Lohnausweis ausgewiesen werden. Dieser Teil der Kosten darf aber natürlich auch nicht als Abzug geltend gemacht werden.

Weiterhin steuerlich nicht abzugsfähig bleiben dagegen Kurse für Hobbys, Liebhabereien oder persönliche Entfaltung, sei dies Kerzenziehen oder ein Kurs für spirituelle Erfahrungen. Hier gibt es allerdings immer noch Abgrenzungsprobleme zu den Aus- und Weiterbildungskosten.

Eine Zusammenstellung der kantonalen Abzüge für Aus- und Weiterbildung finden Sie in der Tabelle «Abzüge für Aus- und Weiterbildung» unter www.beobachter.ch/download.

Allgemeine Abzüge

Die allgemeinen Abzüge haben anders als die Berufsabzüge nicht direkt mit der Erwerbstätigkeit zu tun, aber sie sind im Gegensatz zu den Sozialabzügen dennoch vom Einkommen bzw. von der wirtschaftlichen Leistungsfähigkeit abhängig.

Private Schuldzinsen

Zu den Schuldzinsen gehören in erster Linie die Zinsen für Hypotheken, daneben aber auch die Zinsen für alle anderen Kredite wie Kleinkredite, Geschäftskredite oder für private Darlehen von Bekannten. Die Schulden müssen mit den Namen und den Adressen der Gläubiger aufgelistet werden. Der höchstzulässige Abzug entspricht dem Vermögensertrag inklusive Eigenmietwert plus 50 000 Franken (mehr zum Eigenmietwert auf Seite 110).

FRANZ U. HAT 500 000 FRANKEN VERMÖGEN, das ihm einen Jahresertrag von 20 000 Franken bringt. Er darf maximal 70 000 Franken für Schuldzinsen abziehen. Lena H., die kein Vermögen versteuert, kann höchstens 50 000 Franken geltend machen.

Baukreditzinsen, mit denen ein Um- oder Neubau finanziert wird, dürfen beim Bund und in vielen Kantonen nicht abgezogen werden. Der Grund: Sie werden nicht als Beitrag zur Erhaltung eines Wohnobjekts, sondern als Investition betrachtet. In einigen Kantonen sind Baukreditzinsen dagegen abzugsfähig. In manchen Kantonen gibt es spezielle Regelungen, die zudem noch zwischen Privat- und Geschäftsliegenschaften unterscheiden. In manchen Fällen ist es bei einem Neubau möglich, auf den Baukredit zu verzichten und direkt eine Hypothek abzuschliessen. Das hat den Vorteil, dass Sie die Schuldzinsen unabhängig vom Kanton sofort abziehen können. Erkundigen Sie sich bei Ihrer Bank.

Ich habe einen BMW geleast und von der Leasingfirma einen Schuldzinsenausweis erhalten. Kann ich diese Zinsen vom Einkommen abziehen?

Nein. Leasingzinsen gelten als Lebenshaltungskosten aus mietähnlichem Verhältnis und können nicht als Abzug geltend gemacht werden. Immerhin müssen Sie das Auto auch nicht als Vermögen deklarieren, da es Ihnen nicht gehört. Anders wäre die Situation, wenn Sie Ihren BMW mit einem Kleinkredit finanziert hätten: Mit den Kreditzinsen könnten Sie das steuerbare Einkommen senken, und Sie könnten den Kredit im Schuldenverzeichnis eintragen. Es ist aber grundsätzlich ratsam, private Einkäufe ohne Kredite oder Leasing zu finanzieren.

Beiträge an die gebundene Selbstvorsorge und die Pensionskasse
Beiträge an die Säule 3a können bis zu folgenden jährlichen Maximalbeträgen vom Einkommen abgezogen werden:

- Erwerbstätige mit Pensionskasse: 6768 Franken für das Jahr 2018 und 6826 für 2019
- Erwerbstätige ohne Pensionskasse (das sind einerseits die meisten Selbständigerwerbenden, anderseits Personen, die nicht BVG-versichert sind, weil sie ein zu tiefes Einkommen haben): 20 Prozent des Einkommens, maximal 33 840 Franken für 2018 und 34 128 für 2019.

Auch Einkäufe in die Pensionskasse sind abzugsfähig. Erkundigen Sie sich dazu bei Ihrer Pensionskasse (mehr zur Altersvorsorge auf Seite 146).

TIPP *Sind Mann und Frau berufstätig, können beide in ein Konto oder eine Police der Säule 3a einzahlen und die entsprechenden Abzüge vornehmen – als Angestellte den ganzen Betrag, auch bei einem kleinen Einkommen.*

Abzüge für weitere Versicherungsprämien
Unter diesem Punkt können Sie weitere Versicherungsprämien abziehen, vor allem die Prämien für die Krankenkasse sowie für Lebensversicherungen oder zusätzliche Unfallversicherungen. Der Höchstbetrag ist unterschiedlich, je nachdem, ob Sie bereits Abzüge für die 2. Säule und die Säule 3a vorgenommen haben, und liegt je nach Kanton bei rund 2000 bis 4000 Franken. Ehepaare können in der Regel das Doppelte abziehen; dazu kommt ein weiterer Abzug pro Kind. Nicht abgezogen werden dürfen Prämien für Auto-, Hausrat- oder Diebstahlversicherungen.

Schöpfen Sie die Höchstbeträge nicht aus – was allerdings mit den heutigen Krankenkassenprämien selten der Fall ist –, können Sie hier auch noch die Zinsen von Sparkapitalien abziehen. Diese Kombination ist zwar nicht gerade logisch – die Versicherungsprämien muss man zahlen, die Zinsen bekommt man ausgezahlt –, aber historisch bedingt. Der Gesetzgeber wollte unter diesem Punkt allgemeine Vorsorgemassnahmen mittels Versicherungen und Sparanlagen steuerlich begünstigen.

Krankheitskosten
Krankheitskosten, die Sie selbst bezahlt haben – also die Franchise, den Selbstbehalt sowie Rechnungen, die Ihre Krankenkasse nicht übernom-

men hat (etwa für Zahnarzt oder Brille) –, dürfen Sie ebenfalls abziehen. Natürlich müssen Sie diese Ausgaben belegen; zudem sind sie beim Bund und in fast allen Kantonen erst abzugsberechtigt, wenn sie einen Selbstbehalt von 5 Prozent des Reineinkommens übersteigen. Einzige Ausnahme ist der Kanton Baselland, der die ganzen Krankheitskosten zum Abzug zulässt. Und einige Kantone kennen andere Grenzwerte als die 5 Prozent: Genf (0,5 Prozent), Glarus (3 Prozent) und St. Gallen (2 Prozent). Manche Krankenkassen erstellen – zum Teil auf Anfrage – einen Jahresauszug mit allen Kosten, was zum Beispiel für eine Familie hilfreich sein kann.

Aufgrund des Behindertengleichstellungsgesetzes dürfen auch Kosten von der Steuer abgezogen werden, die als Folge einer Behinderung entstehen und weder Lebenshaltungs- noch Luxusausgaben darstellen, zum Beispiel die Kosten von Transporten zum Arzt.

Spendenabzug

Beiträge an Organisationen wie das Rote Kreuz oder die Stiftung SOS Beobachter sind abzugsfähig, sofern die Organisation als gemeinnützig anerkannt ist. Beim Bund können Spenden ab 100 Franken (Geld oder andere Vermögenswerte) an juristische Personen mit gemeinnützigem oder öffentlichem Zweck abgezogen werden. Voraussetzung ist, dass die Spenden insgesamt 20 Prozent des Reineinkommens nicht übersteigen.

Für die Kantons- und Gemeindesteuern bestehen ähnliche Regelungen, wobei die Höhe der zum Abzug zulässigen Spenden im Rahmen der Tarifautonomie variieren kann. Meist beträgt sie zwischen 5 und 20 Prozent des Reineinkommens. Selbstverständlich müssen Sie Spendenbescheinigungen der Oragnisationen beilegen.

Beiträge an politische Parteien

Mitgliederbeiträge oder Zuwendungen an politische Parteien sind bis 10 000 Franken abzugsfähig. Dieser Maximalbetrag gilt auf Bundesebene, die Kantone legen die obere Grenze selber fest. Die Beiträge können von den Einkünften abgezogen werden, wenn die begünstigte Partei

- in einem kantonalen Parlament vertreten ist,
- in einem Kanton bei den letzten Parlamentswahlen mindestens drei Prozent der Stimmen erreicht hat oder
- im Parteienregister nach Artikel 76a des Bundesgesetzes über die politischen Rechte eingetragen ist.

Dieser Abzug gilt nur für Privatpersonen. Juristische Personen haben die Möglichkeit, Zuwendungen an politische Parteien als geschäftsmässig begründete Werbeaufwendungen (Sponsoring) zum Abzug zu bringen.

Abzug für Zweiverdiener-Ehepaare und Verheiratetenabzug

Sind Mann und Frau beide erwerbstätig, können sie einen besonderen Abzug, den Zweiverdienerabzug, vornehmen. Dieser beträgt beim Bund 50 Prozent des niedrigeren Einkommens der beiden Eheleute. Absolut beträgt der Abzug mindestens 8100 und maximal 13 400 Franken. Liegt das tiefere Erwerbseinkommen – reduziert um die Gewinnungskosten, die Beiträge an AHV/IV/EO/ALV, die 2. Säule und die Säule 3a sowie die Prämien für die Nichtberufsunfallversicherung – unter dem Minimalansatz von 8100 Franken, kann nur der Betrag dieses gekürzten Zweiteinkommens abgezogen werden. Zusätzlich können alle Ehepaare einen Verheiratetenabzug von 2600 Franken geltend machen (siehe auch Seite 92).

RETO UND KARO G. SIND BEIDE ERWERBSTÄTIG. Frau G. verdient mit einem kleinen Versandhandel von zu Hause aus 12 000 Franken brutto. Die beiden können in der Steuererklärung einen Zweiverdienerabzug von 5600 Franken vornehmen – so wird gerechnet:

Tieferes Erwerbseinkommen	Fr. 12 000.–
abzüglich Berufsauslagen	– Fr. 4 000.–
abzüglich Beiträge an Säule 3a	– Fr. 2 400.–
Massgebliches Erwerbseinkommen	Fr. 5 600.–

Sozialabzüge: für alle Steuerpflichtigen

Die Sozialabzüge sind in der Regel unabhängig von Einkommen und Vermögen; es sind Abzüge für jeden Mann, jede Frau und jede Familie. Ihr Zweck ist zum einen ein gewisser Ausgleich zwischen den verschiedenen Einkommensklassen, indem sie für Arme und Reiche genau gleich hoch sind, zum andern sollen Familien und ältere Personen entlastet werden. In der Steuererklärung sind sie nach dem Punkt Reineinkommen (Einkünfte minus Berufs- und allgemeine Abzüge) aufgelistet.

Die persönlichen Abzüge

Die persönlichen Abzüge sind für zusammenlebende Verheiratete und für Alleinstehende unterschiedlich hoch; bei letzteren wird zusätzlich berücksichtigt, ob sie Kinder im eigenen Haushalt aufziehen oder nicht. Bei kaum einem anderen Abzug sind die Differenzen von Kanton zu Kanton so gross wie hier: Die Spannweite reicht beispielsweise bei den Abzügen für Verheiratete von 0 bis 35 000 Franken (BS), bei Alleinstehenden ohne Kinder von 0 bis 18 000 Franken (BS). Verschiedene Kantone kennen das Splitting für Verheiratete (siehe Seite 92) und erlauben ihnen deshalb keinen besonderen Abzug. Andere setzen keinen Maximalbetrag, sondern legen eine prozentuale Höchstgrenze im Verhältnis zum Einkommen fest.

Kinderabzüge

Ein zusätzlicher Abzug wird für jedes Kind gewährt. Hier sind die Unterschiede weniger gross, die Spannweite reicht aber immerhin noch von 5300 (JU) bis 12 000 Franken (ZG), um die das steuerbare Einkommen reduziert wird. Der Bund liegt mit 6500 Franken im Mittelfeld. Speziell ist der Kanton Baselland, der einen Abzug von 750 Franken vom Steuerbetrag gewährt.

Zudem gibt es auf Bundesebene eine Reduktion von 251 Franken je Kind auf der geschuldeten Steuer. Die Kantone können die Obergrenze selber festlegen (siehe auch Seite 95).

Abzüge für Kinderbetreuung

Bund und Kantone gewähren Eltern mehrere Steuerabzüge. Für die Kosten der Fremdbetreuung können sie seit der Steuerperiode 2011 bei der Bundessteuer vom Einkommen jährlich bis zu 10 100 Franken abziehen. Dieser Abzug dürfte bald steigen: Im Mai 2018 kündigte der Bundesrat an, dass er ihn auf 25 000 Franken erhöhen will. Darauf, den Kantonen – wie ursprünglich geplant – einen Mindestabzug von 10 000 Franken vorzuschreiben, verzichtet er aufgrund des Widerstands in der Vernehmlassung.

Zusammenstellungen der persönlichen Abzüge und der Kinderabzüge beim Bund und in den Kantonen finden Sie in den Tabellen «Persönliche Abzüge» und «Kinderabzüge» unter www.beobachter.ch/download.

Abzüge für unterstützte Personen
Wer eine oder mehrere andere Personen – mit Ausnahme der eigenen Kinder und der Ehefrau, des Ehemanns – unterstützt, also massgeblich zu ihrem Lebensunterhalt beiträgt, kann dafür je nach Kanton unterschiedliche Beträge abziehen. Der Bund liegt mit 6500 Franken im oberen Mittelfeld.

Abzüge für AHV-Rentner, invalide oder arbeitsunfähige Personen
Einige Kantone gewähren den Bezügerinnen und Bezügern von AHV- und IV-Renten Abzüge von bis zu 22 600 Franken. Keine solchen Abzüge sind bei der direkten Bundessteuer möglich.

Weitere Sozialabzüge
Die Kantone Aargau, Bern, Freiburg, Neuenburg, Obwalden, Schaffhausen, Waadt und Wallis gewähren Personen mit besonders tiefen Einkommen Abzüge; die Kantone Waadt und Zug erlauben Mieterinnen und Mietern einen besonderen Abzug. Beide Abzüge sind bei der direkten Bundessteuer nicht zulässig.

Was gilt für tiefe Einkommen?

Wer wenig oder gar nichts verdient, würde natürlich am liebsten auch keine Steuern bezahlen. Dies ist nicht immer möglich. In einigen Kantonen müssen alle volljährigen Personen – unabhängig von ihrem Einkommen – mindestens die Personalsteuer überweisen.

Aus unterschiedlichen Gründen müssen Menschen ihren Lebensunterhalt mit einem tiefen Einkommen bestreiten – sei es, dass sie ihre Stelle verloren haben, allein für Kinder sorgen müssen oder wegen einer Behinderung gar nicht oder nur beschränkt erwerbstätig sein können. Obwohl alle Betroffenen mit einem knappen Budget haushalten müssen, gelten steuerlich unterschiedliche Regeln.

Sozialhilfe, Renten, Arbeitslosengeld

Wer mit dem eigenen Einkommen das Existenzminimum nicht erreicht, hat Anspruch auf Sozialhilfe. Diese Gelder müssen auch nicht versteuert werden. Anders verhält es sich mit den Arbeitslosentaggeldern: Diese gelten als Lohnersatz und müssen zu 100 Prozent versteuert werden.

Die Renten der IV und der AHV müssen ebenfalls zu 100 Prozent versteuert werden (siehe auch Seite 130). Anders verhält es sich mit den Ergänzungsleistungen: Diese Zusatzzahlungen an schlecht gestellte Rentnerinnen und Rentner sind steuerfrei. Zudem kennen viele Kantone besondere Abzüge für AHV-Rentner, invalide und arbeitsunfähige Steuerpflichtige (siehe vorangehende Seite).

Ebenfalls steuerpflichtig sind die Renten der Unfallversicherung (Suva) sowie Taggelder der Krankentaggeldversicherung oder Krankenkasse (Kapitalleistungen der Suva werden analog zu Kapitalauszahlungen der 2. Säule besteuert, siehe Seite 150). Als Ausgleich darf man aber die Krankheitskosten, die nicht von der Krankenkasse vergütet werden, in der Steuererklärung abziehen.

INFO *Renten, die Sie zu hundert Prozent selber finanziert haben – zum Beispiel über eine Lebensversicherung –, werden zu 40 Prozent besteuert (siehe Seite 158).*

Studierende und Stipendien

Stipendien sind grundsätzlich steuerfrei, allerdings machen einige Kantone Einschränkungen etwa in dem Sinn, dass die Zahlungen nur zur Deckung der Ausbildungs- und Lebenshaltungskosten dienen dürfen und nicht etwa zur Bildung von Vermögen.

Studierende, die kein Einkommen haben, erhalten dennoch eine Steuererklärung zugeschickt, sobald sie mehr als 18 Jahre alt sind. Allerdings brauchen sie diese nicht komplett auszufüllen; es genügt, das Formular zurückzuschicken mit dem Hinweis, dass man studiert und kein Einkommen hat. Einige Kantone kennen eine Personalsteuer, die auch volljährige Personen ohne Einkommen bezahlen müssen. Sie liegt meist unter fünfzig Franken.

TIPPS *Studierende ohne Einkommen, die Sparkonten oder Wertschriften besitzen, sollten mindestens das Wertschriftenverzeichnis ausfüllen, damit sie die Verrechnungssteuer zurückfordern können.*

Wenn Sie parallel zum Studium ein regelmässiges Einkommen erzielen, können Sie in der Regel die gleichen steuerlichen Regeln beachten, die auch für Lohnabhängige gelten.

Nebenerwerb

Wer neben seinem Beruf eine Teilzeitstelle, ein bezahltes Amt in einem Verein oder ein Verwaltungsratsmandat annimmt, muss das Einkommen daraus als Nebenerwerb deklarieren. Auch der Lohn einer Studentin aus gelegentlichen oder unregelmässigen Jobs gilt als solcher Nebenerwerb. Auch kleine Löhne können aber zum Haupterwerb werden, wenn sie regelmässig erzielt werden und es keine anderen Einkommen gibt.

Häufig ist ein Nebenerwerb zu deklarieren, wenn bei Ehepaaren der Mann eine Vollzeitstelle hat und die Frau nur gelegentlich arbeitet. Wer eine selbständige Nebenerwerbstätigkeit ausübt, muss die Einnahmen – für die Abzüge auch die Ausgaben – detailliert auflisten.

Ich verdiene als Rentner mit einem kleinen Nebenerwerb jährlich 4200 Franken. Wie muss ich das in der Steuererklärung deklarieren?

Als Haupterwerb. Denn selbst kleine Gehälter werden zum Haupterwerb, wenn nach der Pensionierung die anderen Einkommen wegfallen.
Auf den 4200 Franken zahlen Sie keine AHV. Denn vom Lohn eines Rentners ist nur derjenige Teil AHV-pflichtig, der 1400 Franken pro Monat – oder 16 800 Franken pro Jahr – übersteigt. Solche AHV-Beiträge im Rentenalter sind allerdings nicht mehr rentenbildend. Das bedeutet: Diese Abgaben ähneln einer Steuer.

Besondere Regeln für Bessergestellte und Kaderleute

Besserverdienende zahlen zwar mehr Steuern, haben aber auch mehr Sparmöglichkeiten. Besonders attraktiv sind Einzahlungen in die 2. und 3. Säule; diese werden in Kapitel 8 ausführlich behandelt.

Daneben gibt es auch die Möglichkeit, sich einen Teil des Lohnes als Spesen auszahlen zu lassen oder als Sachleistung zu beziehen; Geschäftsautos sind ein typisches Beispiel dafür. Mit dem Lohnausweis muss man sich dafür allerdings einen Anteil an den Lohn anrechnen lassen: Pro Monat müssen 0,8 Prozent des Kaufpreises als Einkommen deklariert werden; das kann bei einem teuren Wagen durchaus ins Geld gehen.

Spesen und Sachleistungen: steuerfrei oder nicht?

In diesem Punkt sind sich die Steuerzahlerinnen und Steuerzahler einerseits und die Beamten der Steuerämter anderseits nicht einig: Nach landläufiger Ansicht sind Spesen steuerfrei, das Steueramt betrachtet Spesen jedoch grundsätzlich als steuerpflichtige Lohnbestandteile.

Klar ist die Sache dann, wenn ein bestimmter Betrag direkt für einen berufsbedingten Zweck ausgezahlt wurden. Beispielsweise wenn jemand einen Geschäftspartner zum Mittagessen einlädt und die Kosten für das Restaurant vergütet bekommt; diese Vergütung gilt steuerlich als «Auslagenersatz». Allerdings muss man das dann auch mit einer Quittung belegen können.

Anderseits kennen viele Unternehmen – besonders für Kaderleute – Pauschalspesen, die ohne Begründung und Belege ausgezahlt werden. In hohen Positionen kann das mehrere Tausend Franken pro Monat ausmachen. Diese Praxis hat für beide Seiten Vorteile: Der Empfänger zahlt dafür (vielleicht) keine Steuern, und er wie auch das Unternehmen sparen

Ich war in der Firma F. in leitender Funktion tätig. Jetzt bin ich entlassen worden und habe eine einmalige Kapitalabfindung von 600 000 Franken erhalten, was drei Jahresgehältern entspricht. Was kann ich tun, um auf diesem Betrag möglichst wenig Steuern zu bezahlen?

Diese Abfindung können Sie zum Rentensatz versteuern, wodurch sie zu einem tieferen Progressionssatz besteuert wird. Wenn ein Unternehmen einen Geschäftsführer entlässt, der vielleicht längere Zeit keine Stelle mehr findet, erhält die Abfindung den Charakter einer Lohnausfallszahlung. Da die Abfindung in Ihrem Fall für drei Jahre gerechnet ist, wird sie durch drei geteilt. Das heisst: Die 600 000 Franken werden zum Steuersatz für 200 000 Franken besteuert.

In der Landwirtschaft kommt etwas Ähnliches vor, wenn jemand jahrelang fast gratis für einen Betrieb gearbeitet hat (Lidlohn). Erhält ein solcher Angestellter nach dem Tod des Bauern eine grössere Summe aus der Erbmasse, kann auch er den Rentensatz geltend machen.

auf diesen Beträgen die Sozialversicherungsabgaben. Die Steuerbehörde allerdings ist da sehr aufmerksam; sie betrachtet solche Zahlungen – wie auch die anderen Vergütungen – als Lohnbestandteile und rechnet sie zum Einkommen hinzu, wenn ihr Wert unverhältnismässig hoch ist.

Genaue Regeln, was noch akzeptiert wird und was nicht, gibt es nicht. Das ist jeweils Verhandlungssache; dabei geht es vor allem um folgende Posten:

- **Geschäftsauto:** wird im Lohnausweis deklariert
- **Reisespesen und -vergünstigungen:** Kommen Familienmitglieder oder andere Bekannte auf Geschäftsreisen mit, gelten ihre Auslagen nicht als Geschäftsspesen.
- **Haus oder Wohnung** zu besonders günstigen Konditionen oder sogar gratis
- **Gratisferien,** zum Beispiel in Häusern oder Wohnungen, die der Firma gehören
- **Abonnemente** von Zeitungen und Zeitschriften

- Beiträge an die **Prämien** für private Versicherungen und die Krankenkasse
- Vergünstigungen für **Freizeitaktivitäten** wie etwa Mitgliederbeiträge für Sportklubs, Eintritte in Tennis- oder Golfanlagen, Konzert- und Theaterkarten
- **Benutzung des Sekretariats** für private Zwecke, beispielsweise für ein politisches Amt oder eine Vereinstätigkeit
- Beiträge an die privaten Telefon- und sonstigen **Kommunikationskosten,** Geschäftshandy
- **Weitere Leistungen** wie Firmenkreditkarte, vergünstigte Firmenwaren, Bezahlung von privaten Kurskosten und vieles mehr

Kaum Probleme gibt es dann, wenn ein Unternehmen sein Spesenreglement der Steuerbehörde vorgelegt und diese es genehmigt hat. Vorausgesetzt natürlich, dass die ausgezahlten und deklarierten Spesen auch wirklich diesem Reglement entsprechen.

TIPP *Wollen Sie Probleme mit den Spesen vermeiden, sammeln Sie am besten Belege, um zu beweisen, dass die Ausgaben tatsächlich für berufsbedingte Aufwendungen getätigt wurden. Hilfreich ist auch, wenn das Unternehmen ein Spesenreglement hat, das die Art und Höhe der Spesen beziffert und das Sie der Steuererklärung beilegen können.*

Sonderregeln für ausländische Steuerpflichtige

Bei den Steuern gelten für Ausländer oft besondere Regeln. Hier eine Übersicht über die wichtigsten Punkte und die Neuerungen bei der Quellenbesteuerung.

Wenn es um die Steuern geht, ist für die über zwei Millionen Ausländerinnen und Ausländer, die in der Schweiz leben, guter Rat oft teuer. Von ihren Schweizer Freunden können sie meist keine Hilfe erwarten, da sie als Ausländer mit anderen steuerlichen Regelungen und Problemen konfrontiert sind.

Stolperstein Quellensteuer

Ein grosser Unterschied ist die Quellenbesteuerung: Ausländischen Angestellten mit Aufenthaltsbewilligung B zieht der Arbeitgeber in der Regel nicht nur die Sozialleistungsbeiträge vom Lohn ab, sondern auch gleich die Steuern, die er dann an den Fiskus weiterleitet. Die Ausgaben für Berufskosten und Versicherungen werden in der Regel pauschal berücksichtigt.

Die für viele lästige Pflicht der Steuererklärung fällt so weg. Doch wie ist es mit all den weiteren Abzügen, die andere Steuerpflichtige geltend machen können? Zum Beispiel mit Einzahlungen in die Säule 3a, Schuldzinsen, Ausgaben für Weiterbildung, Spenden und anderem mehr? Das berücksichtigt der Arbeitgeber nicht, da es nicht seine Aufgabe ist, die private Altersvorsorge, die Schulden und Spenden seiner Mitarbeitenden zu prüfen.

Wollen ausländische Steuerpflichtige zu diesen Abzügen kommen, müssen sie nach Ablauf des Steuerjahrs ein Formular einreichen, das einer Steuererklärung ähnelt. In den meisten Kantonen kann man dieses Formular von der Website herunterladen. Bis Ende März des Folgejahrs bleibt Zeit, eine «Neuveranlagung der Quellensteuer» zu beantragen. Bei den

Abzügen gibt es vereinzelt kantonale Unterschiede, doch die Frist ist schweizweit die gleiche. Die Quellensteuer ist im Grunde eine Akontozahlung, bei der die Steuerpflichtigen im Nachhinein ihre Abzüge geltend machen und eine Rückerstattung beantragen können.

Doch eine ordentliche Steuererklärung

Mit dem Formular für die Neuveranlagung können Ausländerinnen und Ausländer jedoch nicht alles abziehen, wozu sie gemäss Gesetz berechtigt wären. So gibt es keine Quellenbesteuerung von Immobilien, weshalb die damit verbundenen Abzüge bei der Quellensteuer auch nicht geltend gemacht werden können. Wer in der Schweiz ein Eigenheim besitzt, muss deshalb unabhängig vom Aufenthaltsstatus dieselbe ordentliche Steuererklärung wie Schweizer einreichen. Auch bei höheren Einkommen – in den meisten Kantonen ab 120 000 Franken jährlich – müssen alle Ausländer eine ordentliche Steuererklärung ausfüllen.

INFO *Ab 2021 treten neue Regeln für die Quellenbesteuerung in Kraft. Sie werden dazu führen, dass Ausländerinnen und Ausländer häufiger ordentlich besteuert werden. Quellenbesteuerte können dann auf Antrag in die ordentliche Besteuerung wechseln. Ein solcher Antrag kann aber, einmal gestellt, nicht mehr zurückgezogen werden.*

4

Steuern für Selbständige

Für Selbständigerwerbende hat die Steuererklärung generell einen höheren Stellenwert als für Angestellte. Sie haben mehr Möglichkeiten, mit Abzügen Steuern zu sparen. Handkehrum haben sie zum Beispiel mit der Buchhaltung mehr administrativen Aufwand.

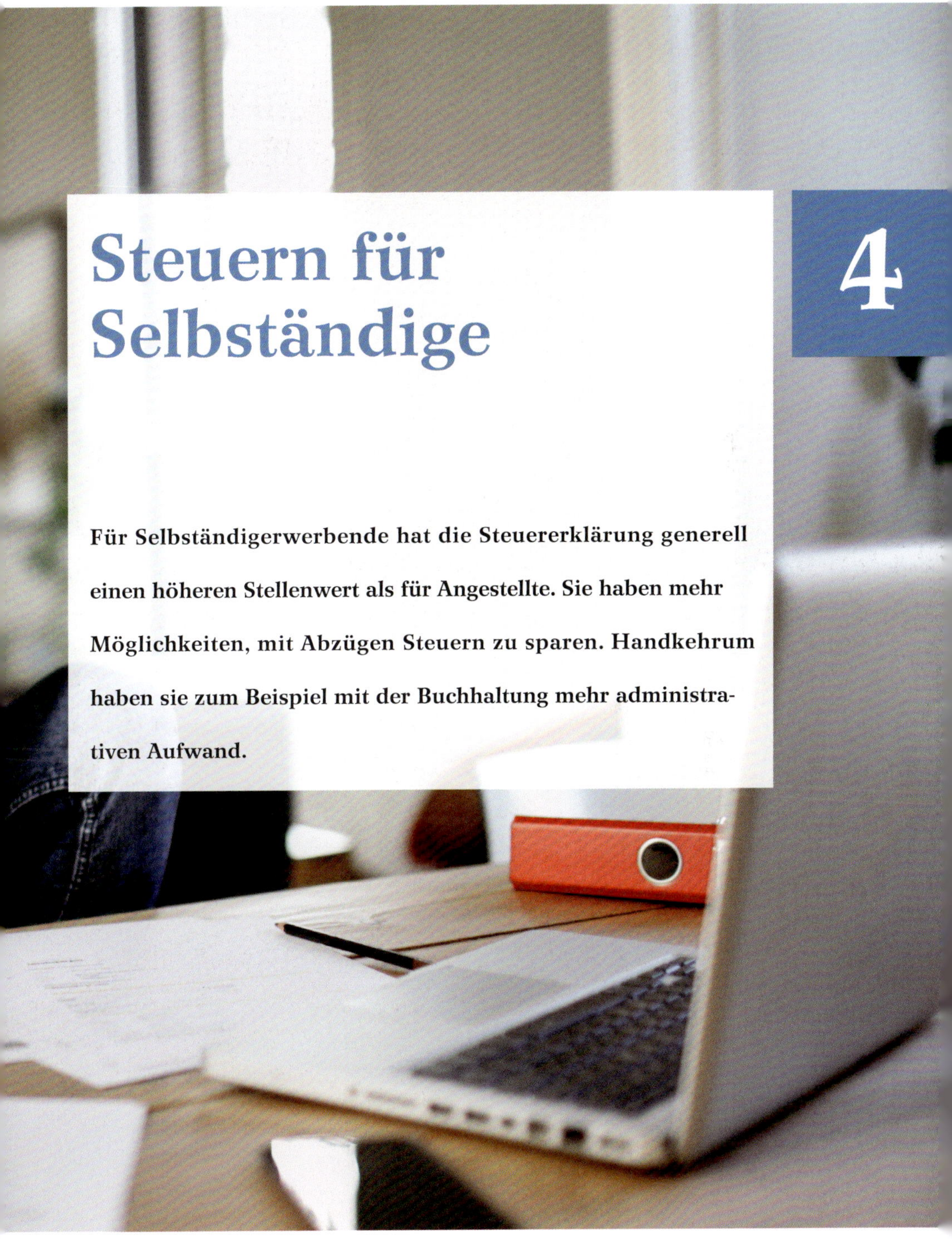

Selbständigkeit hat Vor- und Nachteile

Selbständigkeit hat ihre Vor- und Nachteile – auch beim Steuernzahlen. Zum einen können Selbständige wesentlich mehr Abzüge vornehmen als Angestellte, zum andern müssen sie dafür einen wesentlich grösseren Aufwand betreiben. Denn die Abzüge müssen alle begründet und belegt werden.

Um dies tun zu können, müssen Selbständige eine sorgfältige Buchhaltung führen. Zwar gibt es keine Bestimmungen, wie diese genau auszusehen hat, wohl aber verbindliche allgemeine Grundsätze.

Wichtig: die saubere Buchhaltung

Wer sein Unternehmen im Handelsregister eingetragen hat, ist gesetzlich verpflichtet, eine Buchhaltung zu führen und unter anderem folgende Regeln einzuhalten:

- Die Buchungen müssen chronologisch, also in zeitlich richtiger Folge, aufgeführt sein.
- Die Eintragungen müssen mit Quittungen belegt werden, und zwar so, dass klar ersichtlich ist, welche Ausgabe oder Einnahme mit welcher Quittung zusammenhängt. Der Grund einer Ausgabe (und deren Empfänger) oder Einnahme muss ebenfalls klar ersichtlich sein.
- Einnahmen und Ausgaben wie auch Aktiven und Passiven dürfen nicht bereits für die Buchung gegeneinander aufgerechnet, sondern müssen immer separat aufgeführt werden. Wer beispielsweise für einen Auftrag 10 000 Franken kassiert, aber 5000 davon einem Unterlieferanten gezahlt hat, muss beide Posten als Einnahme bzw. als Ausgabe verbuchen und darf nicht bloss die 5000 Franken Differenz als Einnahme aufführen. Das «vereinfachte» Vorgehen würde nämlich unter anderem die Mehrwertsteuer wie auch die Abgaben an die Sozialversicherungen vermindern.

- Die Geschäftsvorgänge müssen auf festgelegten Konten verbucht werden, sodass ersichtlich ist, welche gleichartigen Buchungen zusammengehören. Am besten wird eine bestehende Vorlage verwendet, beispielsweise der «Kontenrahmen KMU», ein Raster, der seit 1947 in kleinen und mittleren Betrieben in der Schweiz eingesetzt wird.
- Die Buchhaltung muss zweckmässig und übersichtlich sein.
- Selbstverständlich muss die Buchhaltung auch korrekt sein. Das heisst zum Beispiel, dass die Buchungen und die Berechnungen stimmen und in der richtigen Rechnungsperiode verbucht sind und dass alles verbucht wird.

Ich bin eine junge Architektin und konnte in meiner Freizeit zwei kleinere Aufträge erledigen, für die ich 5000 Franken erhalten habe. Wie muss ich diesen Betrag deklarieren, als Selbständigerwerbende?

Steuerlich würde dies vermutlich als Einkommen aus selbständiger Erwerbstätigkeit durchgehen. Doch die AHV-Ausgleichskasse entscheidet unabhängig, ob jemand als Selbständigerwerbender gilt oder nicht. Weil Sie nur zwei Auftraggeber haben und gegen aussen nicht als Unternehmen auftreten, dürften Sie bei der AHV diesen Status nicht erhalten. Deshalb deklarieren Sie die 5000 Franken in Ihrer Steuererklärung am besten als übrige Einkünfte (siehe Seite 35).

Selbständigerwerbende, die aufgrund ihres tiefen Umsatzes keine solche kaufmännische Buchhaltung führen müssen, sollten immerhin folgende Punkte beachten:

- Die Einnahmen und Ausgaben müssen korrekt, vollständig und in richtiger zeitlicher Reihenfolge in einem Kassa- oder Kontobuch notiert sein.
- Zahlungen und Zahlungseingänge sollten mit Datum und Namen des Empfängers bzw. Einzahlenden versehen sein.
- Vermögenswerte wie Werkzeuge und Einrichtungen oder Warenvorräte sollten übersichtlich aufgeführt sein.

- Für alle Selbständigen gilt im Übrigen, dass sie private und geschäftliche Buchungen und Vorgänge trennen und dass sie ihre Buchhaltung samt Belegen und dazugehörenden Dokumenten während zehn Jahren aufbewahren müssen.

Wer sich nicht an diese Regeln hält, riskiert, dass das Steueramt die Buchhaltung nicht akzeptiert und den oder die Steuerpflichtige nach Ermessen einschätzt.

TIPP *Überlegen Sie sich als Selbständigerwerbender, eine Fachperson für die Steuererklärung beizuziehen. Die Kosten dafür bewegen sich in der Grössenordnung von 1000 bis 3000 Franken für einen Kleinstbetrieb (siehe auch Seite 31). Unterläuft Ihnen wegen Unkenntnis der Vorschriften oder Unachtsamkeit ein Fehler, kann das rasch höhere Beträge ausmachen. Und nur schon längere Diskussionen mit dem Steueramt wegen missverständlicher Angaben können Sie so viel Zeit und Energie kosten, dass es Sie unter dem Strich ebenfalls teurer zu stehen kommt. Nicht zu unterschätzen ist schliesslich die Tatsache, dass ein externer Steuerberater oder eine Treuhänderin gerade Neueinsteiger in die Selbständigkeit auch bei anderen geschäftlichen Fragen unterstützen kann.*

Die Buchhaltung muss plausibel sein

Klar, der Steuerbeamte kann nicht darüber entscheiden, ob eine Kleinunternehmerin zu Recht ein zweites Auto kauft und den Abschreibungsbetrag dafür abzieht. Doch die Behörden haben sehr wohl Möglichkeiten, Geschäftsabschlüsse und Steuererklärungen zu überprüfen. Dazu vergleichen sie die Angaben mit Erfahrungswerten von anderen Betrieben der gleichen Branche und Grösse. Das kann der Umsatz pro Mitarbeiter sein, der Betriebsaufwand im Verhältnis zum Umsatz oder eine ähnliche Vergleichsgrösse. Aber auch direkte Vergleiche bestimmter Aufwand- und Ertragsposten mit denjenigen anderer Betriebe werden gemacht.

Sind die Unterschiede gross, verlangen die Beamten vom Betriebsinhaber, von der Unternehmerin Erklärungen. Wenn diese nicht befriedigend ausfallen, können die Steuerbehörden die Steuererklärung korrigieren, indem sie die Person oder das Unternehmen nach pflichtgemässem Ermessen einschätzen.

Ein weiterer Vergleich, der häufig angestellt wird, ist derjenige der Lebenshaltungskosten mit dem ausgewiesenen Gewinn oder Einkommen. Stellen die Steuerbehörden fest, dass jemand auf sehr grossem Fuss lebt, aber nur ein sehr kleines Einkommen versteuert, werden sie misstrauisch.

Schliesslich können die Steuerbehörden auch Zahlen verifizieren, die auf verschiedenen Steuererklärungen erscheinen. So etwa zwischen:

- Arbeitgebern und Arbeitnehmenden
- Vermietern und Mietern
- Verkäufern und Käufern
- Gläubigern und Schuldnern
- Mitgliedern von Erbengemeinschaften
- Partnern von Aktiengesellschaften, GmbHs, Kollektivgesellschaften
- Kantonen

Zwar gilt dies nicht nur für die Deklarationen von Selbständigerwerbenden. Da aber hier die Spielräume wesentlich grösser sind als bei Angestellten mit Lohnausweisen und klar definierten Abzügen, können sich grössere Abweichungen ergeben – also werden die Steuerbehörden eher gründlicher kontrollieren.

TIPP *Selbstverständlich sind Abweichungen vom «Normalfall» oder grosse Gewinnsprünge (und plötzliche Verluste) von Jahr zu Jahr immer möglich. Wenn Sie aber in Ihrer Steuererklärung – oder wahrscheinlich schon vorher im Jahresabschluss – solche Unregelmässigkeiten feststellen, sollten Sie rechtzeitig dafür sorgen, dass die nötigen Erklärungen und Belege vorliegen.*

AHV-Beiträge nicht vergessen

Ein Posten, den Selbständigerwerbende gelegentlich vergessen oder vernachlässigen, ist die Zahlung an die AHV. Wer sich selbständig macht, muss sich bei der zuständigen Ausgleichskasse anmelden; die AHV-Beiträge sind nach dem Einkommen abgestuft und machen maximal 9,65 Prozent aus (für AHV, IV und EO). Die Höhe des Einkommens müssen

Unternehmerinnen und Unternehmer zunächst selbst deklarieren und darauf vorläufige Beiträge bezahlen. Sobald die Steuerveranlagung für die direkte Bundessteuer definitiv ist, melden die Steuerbehörden dieses Einkommen an die zuständige AHV-Stelle und diese korrigiert wenn nötig die Beitragshöhe. Es gibt also keine separate AHV-Einschätzung, und das Steueramt informiert Sie auch nicht, wann es der AHV-Stelle die Zahlen mitteilt.

Da die definitive Steuereinschätzung manchmal erst mehrere Jahre später vorliegt, kommt auch die definitive AHV-Rechnung erst spät. Selbständige erleben es immer wieder, dass sie dann innerhalb von kurzer Zeit Tausende oder gar Zehntausende Franken nachzahlen müssen. Dies vor allem dann, wenn das Steueramt die definitive Veranlagung gleich für mehrere Jahre vornimmt.

TIPP *Es ist sehr zu empfehlen, jeweils Ende Jahr die AHV grob zu berechnen und die nötigen Rückstellungen vorzunehmen. Grössere Änderungen in der Höhe des Einkommens können Sie auch von sich aus der AHV-Ausgleichskasse melden, damit diese die Beiträge bereits früher anpasst.*

Steuern sparen dank Abzügen

Angestellte beneiden Selbständige häufig, weil diese in der Steuererklärung viel mehr vom Einkommen abziehen können. Solcher Neid ist nicht begründet, denn damit ist noch keinesfalls gesagt, dass den Selbständigen Ende Monat mehr übrig bleibt. Sie haben viel höhere Kosten als Angestellte, denen der Arbeitgeber den Arbeitsplatz, Sozialversicherungsbeiträge, Fahrtspesen und Ferien bezahlt.

Selbständigerwerbende können folgende geschäftlich notwendigen Unkosten abziehen:

- Mietkosten für Büro, Laden, Werkstatt
- Ausgaben für Anschaffung und Unterhalt der nötigen Werkzeuge, Geräte und Maschinen
- Fahrzeugkosten
- Beiträge an AHV, IV, EO, ALV
- Beiträge an die Erwerbsausfallversicherung
- Beiträge an die 2. Säule und die Säule 3a
- Prämien für Sachversicherungen
- Büro- und andere Spesen
- Weiterbildungskosten, Fachbücher, Zeitungs- und Zeitschriftenabonnemente
- Werbe- und Akquisitionskosten
- Abschreibungen
- Frühere Geschäftsverluste (in einem gewissen Rahmen)

Diese Positionen werden jedoch anders als bei den Angestellten nicht auf der Steuererklärung selbst aufgeführt, sondern in der Buchhaltung oder im entsprechenden Hilfsblatt vom Umsatz abgezogen, sodass in der Steuererklärung nur noch der Reingewinn erscheint.

BRIGITTE K. MUSS ALS SELBSTÄNDIGE 90 000 bis 120 000 Franken Umsatz machen, um Ende Jahr gleich viel verdient zu haben wie ihre angestellte Kollegin Monika F. mit einem Lohn von 60 000

Franken. Die Geschäftsunkosten machen in der Regel einen Drittel bis die Hälfte des Umsatzes aus. Also ist es nur gerecht, dass Brigitte K. in der Steuererklärung grundsätzlich alle geschäftlich bedingten Auslagen von diesem Umsatz abziehen kann, damit sie wie Monika F. auf ihrem eigentlichen Einkommen von 60 000 Franken Steuern bezahlt.

Abschreibungen bringen am meisten

Besonders lohnende Abzüge sind die Abschreibungen. Wer Investitionen tätigt, die er für seinen Betrieb braucht, darf über mehrere Jahre hinweg einen festgelegten Prozentsatz der Investitionssumme abziehen. Die Sätze betragen:

- 45 % für Wäsche und Geschirr von Hotels und Restaurants; für Werkzeuge, Gerüstmaterial, Paletten
- 40 % für Büromaschinen und EDV-Anlagen, Autos
- 30 % für Maschinen und Apparate zur Produktion
- 25 % für Geschäfts-, Fabrik-, Werkstatt- und Lagereinrichtungen
- 8 % für Geschäfts-, Fabrik-, Werkstatt- und Lagergebäude
- 6 % für Restaurant- und Hotelgebäude
- 2 % für Wohnhäuser

Diese Abschreibungssätze beziehen sich immer auf den Restwert. Das heisst, für die neue IT-Anlage, die 10 000 Franken gekostet hat, dürfen Sie im ersten Jahr auf der Steuererklärung 40 Prozent des Kaufpreises, also 4000 Franken, abziehen. Im zweiten Jahr sind es 40 Prozent von den restlichen 6000 Franken, also 2400 Franken, im dritten Jahr 40 Prozent von 3600 Franken.

Eine zweite Möglichkeit besteht darin, Abschreibungen auf dem Anschaffungswert vorzunehmen, dann gelten jeweils die halben Sätze. Verschiedene Kantone kennen auch das Prinzip der sogenannten Sofortabschreibung, dies vor allem für bewegliche Gegenstände des betrieblichen Anlagevermögens wie Mobiliar, Einrichtungen, Büromaschinen und Computer, Werkzeuge und Fahrzeuge. Bei dieser Methode darf gleich im ersten Jahr ein grosser Teil der Investition, beispielsweise 80 Prozent, abgeschrieben werden, dafür bleibt dann der Restwert während einer vorgeschriebenen Dauer gleich hoch.

TIPP *Da Abschreibungen einen wichtigen Teil der Abzüge von Selbständigerwerbenden ausmachen, lohnt es sich, diese sorgfältig vorzunehmen. Erkundigen Sie sich beim Steueramt nach den in Ihrem Kanton geltenden Abschreibungssätzen und -methoden.*

Wie kann ich kurzfristig den Gewinn meiner Firma senken?

Viele unternehmerische Steueroptimierungen folgen dem Leitsatz: Spare in der Zeit, so hast du in der Not. Dabei geht es um einen Aufschub; die Steuern werden auf einen späteren Zeitpunkt vertagt. Zum Beispiel mit Zahlungen in die Arbeitgeberbeitragreserve der Pensionskasse: Ein Unternehmen kann bis zum Fünffachen der üblichen Arbeitgeberbeiträge in die berufliche Vorsorge einzahlen. Welche Fristen beachtet werden müssen, damit die Einzahlung in einer bestimmten Steuerperiode berücksichtigt werden kann, ist je nach Kanton unterschiedlich geregelt. Der Nachteil dieser Lösung: Ihr Unternehmen muss über genügend flüssige Mittel verfügen.

Verfügen Sie über weniger Liquidität, könnten die in einigen Kantonen erlaubten Sofortabschreibungen eine Alternative sein: Kauft eine Firma beispielsweise 100 neue Bürotische, kann sie deren Wert sofort abschreiben. Dies ist ein buchhalterischer Aufwand, der vom Ertrag voll abgezogen werden kann, was den steuerbaren Gewinn schmälert. Auch dafür können die Bedingungen je nach Kanton variieren.

Die Nutzung von Liegenschaften zu geschäftlichen Zwecken

Für Selbständige kann es optimal sein, eine private Liegenschaft auch geschäftlich zu nutzen. Tun Sie dies, verlangt die Steuerbehörde, dass die beiden Bereiche sauber getrennt werden. Am besten und auch am einfachsten ist es, wenn Sie einen Mietwert annehmen, den Sie für das gleiche Geschäft an einem anderen, vergleichbaren Ort zahlen müssten oder – anders herum – den Sie einem Mieter an diesem Ort für die Nutzung verrechnen würden. Diesen Betrag belasten Sie der eigenen Firma als Miete. Die übrigen Kosten – etwa für Heizung, Reinigung, Strom, Telefon, Benutzung anderer Räume – werden anteilsmässig umgerechnet und ebenfalls der Firma belastet. Den Betrag, den Sie der Firma für die geschäftliche Nutzung belasten, müssen Sie zu Ihrem Privateinkommen dazuzählen. Den Mietanteil der Firma können Sie dagegen vom deklarierten Eigenmietwert abziehen.

TIPP *Wichtig ist bei diesem Vorgehen, dass die Liegenschaft höchstens zur Hälfte geschäftlich genutzt wird. Andernfalls klassieren sie die Steuerbehörden als Geschäftsliegenschaft, was sich bei einem späteren Verkauf meist steuerlich ungünstig auswirkt* *(mehr dazu auf Seite 120).*

Wie vermeide ich Steuerfallen bei Privatbezügen?

Wenn Unternehmer Steuern optimieren, kann es Abgrenzungsprobleme zwischen Geschäftsaufwand und Privatbezügen geben, zum Beispiel bei Gartenarbeiten an der Geschäfts- und Wohnliegenschaft, von denen der Eigentümer auch privat profitiert. In solchen Fällen sollten Sie mindestens einen gewissen Anteil des verwendeten Geldes vorsorglich als Privatbezug, also steuerbares Einkommen, deklarieren. Damit zeigen Sie Ihren guten Willen. Falls die Steuerbehörden intervenieren, geht es dann nur noch darum, ob Sie den Privatanteil hoch genug angesetzt haben. Es geht also höchstens noch um eine Ermessensfrage und nicht um ein Verfahren wegen eines Steuervergehens, das bei einer Nichtdeklaration drohen würde und mit einer Busse enden könnte.

Keine Fehler in der Steuererklärung

Steuererklärungen von Selbständigerwerbenden sind um einiges komplizierter und umfangreicher als diejenigen von Angestellten. Deshalb sind auch die Möglichkeiten grösser, Fehler zu machen oder etwas zu vergessen. Selbständige sollten deshalb die eingereichten Unterlagen und Dokumente vor dem Abschicken an die Steuerbehörde besonders sorgfältig prüfen:

- Sind die Buchungen und Aufzeichnungen vollständig und korrekt?
- Sind alle nötigen Beilagen und Formulare vorhanden und ausgefüllt?
- Sind die angefangenen Arbeiten und Warenvorräte aufgeführt?
- Sind die Abschreibungen zu den erlaubten Höchstsätzen vorgenommen worden?
- Sind die nötigen Rückstellungen vorgenommen worden?
- Sind allfällige frühere Verluste abgezogen worden?
- Sind geschäftliche und private Ausgaben und Einnahmen sauber getrennt und ausgewiesen?

Und schliesslich ganz generell: Entspricht die Buchhaltung den allgemeinen Regeln und ist sie plausibel?

AG, GmbH oder was? Die verschiedenen Rechtsformen

Ein wichtiger Grundsatzentscheid bei der Geschäftsgründung ist die Wahl der Rechtsform: AG, GmbH und Einzelfirma sind die häufigsten Formen, eine weitere ist die Kollektivgesellschaft.

Aus steuerlicher Sicht am bedeutsamsten ist der Unterschied zwischen Personen- und Kapitalgesellschaften.

- **Personengesellschaften**
  Dazu zählen die Einzelfirma, die Kollektiv- und die Kommanditgesellschaft. Das wichtigste gemeinsame steuerliche Merkmal ist, dass bei diesen Rechtsformen die Trennung zwischen Privat und Geschäft weitgehend aufgehoben ist.
  - Die Einzelfirma gehört einer einzigen Person, und diese Person versteuert Firmengewinn und Firmenvermögen zusammen mit ihren weiteren Privateinkünften und dem Privatvermögen.
  - Eine Kollektivgesellschaft ist der Zusammenschluss von zwei oder mehr Personen, die gemeinsam eine Firma gründen und führen wollen. Auch hier versteuern die Beteiligten die Einkünfte und Gewinnanteile aus der Firma zusammen mit ihren Privateinkünften und ihrem Privatvermögen.
  - An einer Kommanditgesellschaft – einer eher seltenen Rechtsform – sind ebenfalls mehrere Personen beteiligt; diese haben aber nicht alle die gleichen Rechte und Pflichten. Auch sie versteuern geschäftliches und privates Einkommen und Vermögen zusammen.
- **Kapitalgesellschaften**
  Dazu gehören die Aktiengesellschaft (AG) und die Gesellschaft mit beschränkter Haftung (GmbH). Bei diesen Rechtsformen werden nicht die Besitzer, sondern die Unternehmen nach ihrem Gewinn besteuert. Ein Unternehmer, der eine AG oder GmbH besitzt und selbst führt, ist rechtlich deren Angestellter, bezieht als solcher einen Lohn von der eigenen Firma und versteuert diesen als Einkommen. Anders als bei Personengesellschaften muss für die Gründung einer AG oder GmbH

ein Minimalkapital eingebracht werden; für die AG sind es 100 000, für die GmbH 20 000 Franken.

Wie können Holdings Steuern sparen?

Auch in der Schweiz können Unternehmen zu einer Methode greifen, die in internationalen Konzernen gang und gäbe ist: Sie verlagern Gewinne in Kantone mit tiefer Steuerbelastung – zum Beispiel wenn eine Muttergesellschaft im Kanton Bern weder Staats- noch Gemeindesteuern zahlt, die Tochterfirma in Genf jedoch ihren beträchtlichen Reingewinn zu einem hohen Satz versteuern müsste. Dann stellt Muttergesellschaft der Tochter Rechnung, etwa für operative und strategische Unterstützung. Der höhere Aufwand senkt die Gewinnsteuern in Genf. Der höhere Ertrag im Kanton Bern löst dagegen keine zusätzlichen Steuern aus. Anstelle von solchen «Management Fees» sind auch andere Transferleistungen möglich, etwa Lizenzgebühren. Bei den intern verrechneten Preisen besteht ein gewisser Ermessensspielraum: Unternehmen haben die Möglichkeit, höhere Kosten in Rechnung zu stellen, um die Steuern zu optimieren. Mit der anstehenden Unternehmenssteuerreform (STAF, siehe Seite 85) wird zwar ein Holdingprivileg abgeschafft, das internationale Unternehmen in der Schweiz bevorteilt. Doch Unternehmen dürfen die kantonalen Unterschiede bei den Steuersätzen weiter ausnutzen.

WAS WIRD WO BESTEUERT?

Gesellschaftsform	Geschäftsort	Wohnort
AG, GmbH	Unternehmensgewinn und -kapital	Lohn, Dividende, Privatvermögen
Einzelfirma	Geschäftsgewinn (inkl. Lohn) und Geschäftsvermögen	Restliches Einkommen und Privatvermögen
Kollektiv- und Kommanditgesellschaft	Geschäftsgewinn (exkl. Lohn) und Geschäftsvermögen	Lohn, übriges Einkommen, Privatvermögen

Kapital- oder Personengesellschaft, was ist besser?

Für kleine Unternehmen, besonders für Einpersonenfirmen, sind die steuerlichen Unterschiede zwischen den verschiedenen Rechtsformen in der Regel klein, denn die Steuer auf einem Einkommen von 150 000 Franken ist grundsätzlich ähnlich hoch wie auf dem Unternehmensgewinn einer Einpersonen-AG oder -GmbH von 150 000 Franken – vorausgesetzt, bei der AG oder GmbH wird der ganze Gewinn herausgenommen und als Lohn auf das Konto des Eigentümers, der Eigentümerin überwiesen.

BUCHTIPP
Alle weiteren Informationen zur Rechtsform, aber auch zu sämtlichen anderen Erfolgsfaktoren für ihre Firma finden angehende Unternehmer in diesem Beobachter-Ratgeber: **Ich mache mich selbständig. Von der Geschäftsidee zur erfolgreichen Firmengründung.**
www.beobachter.ch/buchshop

Wohn- und Firmensitz

Die Steuerbelastungen von Personen- und Kapitalgesellschaften unterscheiden sich, wenn Wohn- und Firmensitz nicht am gleichen Ort angesiedelt sind. Inhaber einer AG oder GmbH haben hier gewisse Möglichkeiten zur Steueroptimierung. Sie können entweder einen tieferen Unternehmensgewinn ausweisen und sich selber einen höheren Lohn auszahlen oder auch die umgekehrte Variante wählen – je nachdem, ob am Wohn- oder am Geschäftssitz ein tieferer Steuersatz gilt.

Steuerfolgen bei der Geschäftsaufgabe

Gross sind die steuerlichen Unterschiede von Personen- und Kapitalgesellschaften, wenn es um einen Verkauf oder eine Auflösung geht. Eine Einzelfirma kann nicht verkauft, sondern nur aufgelöst werden. Den Gewinn aus dieser Liquidation muss der Inhaber – allenfalls auch seine Erben – versteuern, ausserdem werden darauf Sozialversicherungsbeiträge fällig (siehe auch Seite 120).

Ganz anders beim Verkauf einer AG oder GmbH. Hier werden grundsätzlich – mit gewissen Ausnahmen – nicht die Aktiven und Passiven, sondern die Aktien oder Gesellschaftsanteile übertragen, und dies gilt als steuerfreier Kapitalgewinn.

TIPP *Planen Sie als Inhaber einer Personengesellschaft eine Übergabe oder Nachfolgeregelung? Dann sollten Sie die Umwandlung in eine AG oder GmbH prüfen. Bei diesen Rechtsformen gelten stille Reserven als Kapitalgewinne und können steuerfrei übertragen oder verkauft werden. Das aber nur, wenn die Umwandlung mindestens fünf Jahre vor der Übergabe stattgefunden hat. Geht der Verkauf früher über die Bühne, werden Sie von den Steuerbehörden trotzdem zur Kasse gebeten. Die Umwandlung selbst ist steuerfrei.*

STEUERVORLAGE UND AHV-FINANZIERUNG (STAF)

Die Europäische Union toleriert nicht länger, dass manche Gesellschaften – etwa Domizilgesellschaften, Holdings und gemischte Gesellschaften – in der Schweiz auf ausländischen Gewinnen weniger Steuern zahlen müssen als auf inländischen. Die EU betrachtet dies als Wettbewerbsverzerrung. Für grossen Ärger sorgt bei einigen EU-Mitgliedsstaaten, dass ihnen über solche Konstrukte Steuern entgehen. Im Jargon ist auch die Rede von «Ring Fencing», weil international aufgestellte Unternehmen Gewinne in die Schweiz verschieben und dort zu einem tieferen Satz versteuern – die Landesgrenzen schützen sie wie ein Zaun vor dem Zugriff der Hochsteuerländer. Oft geht es um mobile Firmen, die rasch einen neuen Standort suchen, wenn die Rahmenbedingungen nicht mehr stimmen.

Mit der Steuervorlage und AHV-Finanzierung (STAF) will der Bund den Druck der EU abwenden. Allerdings befürchtet er hohe Ertragsausfälle, wenn die bisherigen Steuerprivilegien abgeschafft werden. Deshalb sieht die Vorlage eine Reihe neuer Steuererleichterungen vor, die eine Abwanderung internationaler Unternehmen verhindern sollen. Einerseits sollen neue Steuerprivilegien eingeführt werden, die international noch akzeptiert sind. Und anderseits sollen die Gewinnsteuern auf breiter Front gesenkt werden – wovon alle Firmen, auch die inländischen, profitieren könnten. Der Bund rechnet mit Ertragsausfällen von mehr als einer Milliarde Franken. Bei den Kantonen dürften Einnahmen in vergleichbarem Umfang wegfallen. Aufgrund vieler Unwägbarkeiten ist eine exakte Prognose schwierig. Um die Verluste der Kantone teilweise auszugleichen, will der Bundesrat deren Anteil an der direkten Bundessteuer anheben.

Ein erster Anlauf unter dem Titel Unternehmenssteuerreform III ist bereits 2017 an der Urne gescheitert. Ende September 2018 hat das Parlament die Nachfolge-Vorlage STAF verabschiedet. Diese soll in zwei Schritten 2019 und 2020 in Kraft treten. Wird das Referendum ergriffen, kommt es am 19. Mai 2019 zu einer Volksabstimmung.

5

Steuern für Paare und Familien

Egal ob verheiratet, ob im Konkubinat oder alleinerziehend – für Familien stellen sich im Zusammenhang mit der Steuererklärung viele Fragen. Besonders verzwickt kann es für Eltern werden, die sich trennen und damit eigentlich schon genug andere Probleme haben. Die Hinweise in diesem Kapitel helfen, auch in schwierigen Situationen den Überblick zu behalten.

Gemeinsame Steuerpflicht für Ehepaare

Zu Anfang ein – nicht ganz ernst gemeinter – Steuerspartipp: Aus finanziellen Gründen ist es zu empfehlen, eine gegen Ende Jahr geplante Hochzeit auf das folgende Jahr zu verschieben. Denn in allen Kantonen und beim Bund werden frisch vermählte Paare für das ganze Jahr gemeinsam besteuert. Auch wenn Sie im Dezember heiraten, werden also die Einkommen von Mann und Frau aus allen zwölf Monaten zusammengerechnet. Oft bedeutet dies eine höhere Progressionsstufe und kommt Sie entsprechend teuer zu stehen.

Die gemeinsame Steuerpflicht von Verheirateten dauert so lange, wie sie in ungetrennter Ehe leben. Das heisst nicht, dass ein Paar einfach zwei separate Wohnungen beziehen und dann dank separater Besteuerung Geld sparen kann. Da jeder Ehegatte auch in einer intakten Ehe einen eigenen Wohnsitz begründen darf, beweist die Existenz zweier Wohnsitze für die Steuerbehörde noch lange nicht, dass die beiden «nicht mehr zusammengehören». Massgebend ist, dass jede Seite für sich lebt, keine gemeinsame wirtschaftliche Basis mehr besteht und der Ehemann nur noch klar fixierte Unterhaltsbeiträge für Frau und Kinder leistet (oder umgekehrt).

Will sich ein Paar also trennen und nimmt zwei Wohnungen, ist bei der nächsten Steuererklärung eine Information und Begründung ans Steueramt fällig, der man am besten eine Trennungsvereinbarung beilegt.

Wie zu Beginn der gemeinsamen Steuerpflicht gilt auch bei deren Ende: Trennt sich ein Ehepaar, werden Mann und Frau für das ganze Jahr getrennt besteuert – das gilt für alle Kantone wie auch für den Bund.

INFO *Homosexuelle Paare in einer eingetragenen Partnerschaft werden gleich besteuert wie Ehepaare. Wenn sie verschiedene Wohnsitze haben, können sie sich bei der zuständigen Steuerverwaltung erkundigen, wo sie steuerpflichtig sind. Meist bestimmt in solchen Fällen der Kanton den Steuersitz.*

TIPP *Eine Trennung gegen Ende Jahr ist für die meisten Familien steuerlich ungünstig. Wenn die Kinder bei der Mutter bleiben, wird der Ehemann für das ganze Jahr nach dem Grundtarif besteuert. Er kann nur wenig Unterhaltsbeiträge abziehen, da er ja nicht das ganze Jahr getrennt war. Das führt zu deutlich höheren Steuern. Aufseiten der Ehefrau, die meist ein tieferes Einkommen hat, fällt der günstigere Verheirateten- bzw. Einelterntarif dagegen kaum ins Gewicht. Wenn möglich sollten Sie deshalb mit der Anmeldung am neuen Wohnort bis zum nächsten Jahr zuwarten.*

Beide unterschreiben, beide haften

Auch wenn die Steuergesetzgebung bei der Behandlung von verheirateten und unverheirateten Paaren der gesellschaftlichen Realität hinterherhinkt, in einem Bereich ist der Rückstand aufgeholt. Während früher die Ehefrau gegenüber den Steuerbehörden praktisch nicht existierte und durch ihren Gatten vertreten wurde, ist dies heute anders. Nach Gesetz müssen alle Mitteilungen der Steuerbehörde für ein Ehepaar an Mann und Frau gemeinsam gerichtet werden, und die Steuererklärung muss von beiden unterschrieben sein.

Fehlt eine Unterschrift, gehen die Steuerbehörden allerdings nach einer gewissen Frist davon aus, dass der Ehemann, die Ehefrau einverstanden ist. Das heisst, die Steuererklärung ist letztlich auch mit nur einer Unterschrift gültig. Dasselbe gilt bei Rekursen oder anderen Eingaben.

Demnächst ist auf der Steuererklärung allerdings keine Unterschrift mehr nötig. Nach dem Ständerat hat im März 2018 auch der Nationalrat einem entsprechenden Vorstoss zugestimmt. Dahinter steckt die Absicht, die Abläufe zu vereinfachen. Je länger, je mehr Leute füllen heute die Formulare elektronisch aus. Wird keine Unterschrift verlangt, ist auch kein Papier mehr nötig. Wann die neue Regelung in Kraft tritt, ist noch unklar. Mit den üblichen Fristen für den Gesetzgebungsprozess gerechnet, dürfte es 2021 werden.

INFO *Für die Steuern spielt der eherechtliche Güterstand überhaupt keine Rolle. Auch Ehepaare, die unter Gütertrennung leben, zahlen ihre Steuern gemeinsam.*

Gemeinsame Haftung

Teuer kann die Regelung werden, dass beide Eheleute grundsätzlich für Steuern solidarisch haften. Das bedeutet: Werden die Steuern nicht überwiesen, können die Behörden auf Mann und Frau zurückgreifen. In der Praxis kennen sie allerdings meist die tatsächlichen finanziellen Verhältnisse und werden deshalb das Geld in erster Linie bei der Seite einfordern, die den ganzen Verdienst oder den grössten Teil davon erwirtschaftet.

In wenigen Kantonen erstreckt sich die solidarische Haftung der Eheleute auf die ganze Steuerschuld und auf das ganze Vermögen des zweiten Partners, in den meisten Fällen der Ehefrau. In diesen Kantonen ist es theoretisch möglich, dass eine verheiratete Frau, die kein Geld verdient und die Steuererklärung nie mitunterschrieben hat – also gar nicht genau weiss, was ihr Gatte mit seinem Geld getrieben hat und treibt –, für seine Nachsteuern zur Kasse gebeten wird.

In den anderen Kantonen haftet eine verheiratete Person bei offensichtlicher Zahlungsunfähigkeit des Ehepartners nur für den Steueranteil, der ihrem Einkommen und Vermögen entspricht. Hat also der Ehemann seinen Betrieb in den Konkurs geritten und bleibt dem Steueramt das Geld schuldig, muss die Teilzeit arbeitende Gattin seinen Anteil nicht auch noch bezahlen.

Meine Frau und ich haben beide ein Einkommen, verdienen aber unterschiedlich viel. Wie teilen wir die Steuerlast gerecht auf?

Wenn eine grössere Differenz zwischen Ihren beiden Einkommen besteht, sollten Sie für eine korrekte Aufteilung die Progression berücksichtigen. Tun Sie das nicht und teilen stattdessen die Steuerrechnung im Verhältnis Ihrer Einkommen auf, bezahlt eine Seite zu viel. Internetrechner – zum Beispiel derjenige der Eidgenössischen Steuerverwaltung (www.estv.admin.ch, im Suchfeld «Steuerrechner» eingeben) – berücksichtigen die Progression. Das gibt Ihnen einen Hinweis, wie hoch der Anteil von Mann und Frau an der gesamten Steuerschuld ist. Exakt berechnen lässt sich die individuelle Steuerschuld aber nicht – vor allem in komplexeren Fällen mit vielen Abzügen.

Sind Konkubinatspaare steuerlich im Vorteil?

Die traditionellen Lebensformen Ehe und Familie haben sich im Lauf der Zeit verändert, das Steuerrecht hinkt hintennach. Besonders zwei Entwicklungen haben eine neue Situation geschaffen: Zum einen ist es die Tatsache, dass mehr Frauen ins Berufsleben eingestiegen sind und somit nicht nur arbeiten, sondern auch einen Lohn beziehen. Dadurch gibt es heute viele Ehepaare, bei denen Mann und Frau ein Einkommen erzielen. Zum andern leben heute viel mehr Paare zusammen, ohne verheiratet zu sein.

Lebt ein Paar unverheiratet zusammen, müssen der Partner und die Partnerin je eine eigene Steuererklärung ausfüllen. Sie werden also wie Einzelpersonen besteuert. Vor allem Zweiverdiener-Ehepaare mit hohen Einkommen sind gegenüber Konkubinatspaaren benachteiligt (dasselbe gilt für eingetragene Partnerschaften). Denn Verheiratete müssen ihre Einkommen zusammenzählen, und damit wird der Gesamtbetrag zu einem höheren Satz versteuert, als dies für die beiden einzelnen Einkommen der Fall wäre.

Die Diskussion darüber, wie die Benachteiligung von verheirateten Paaren behoben werden kann, ist seit Jahren im Gang. Schon 1984 hatte das Bundesgericht entschieden, Ehepaare müssten steuerlich entlastet werden. Die Richter empfanden es als verfassungswidrig, dass Zweiverdiener-Ehepaare gegenüber Konkubinatspaaren in vergleichbarer Situation steuerlich benachteiligt waren. Doch es dauerte lange, bis die Politik die Vorgabe der Justiz umzusetzen begann: Erst 2006, also 22 Jahre später, verabschiedete das Bundesparlament Sofortmassnahmen, um bei der direkten Bundessteuer die «Heiratsstrafe» zu mildern: Erhöhung des Abzugs für Zweiverdiener-Ehepaare (siehe Seite 59) und Einführung des Verheiratetenabzugs. Damit konnte die verfassungswidrige Schlechterstellung von Zweiverdiener-Ehepaaren teilweise beseitigt werden.

Im Juni 2018 teilte die Eidgenössische Steuerverwaltung überraschend mit, dass sie jahrelang von falschen Zahlen ausgegangen war. Die Benachteiligung ist grösser als bisher angenommen, da Paare mit Kindern versehentlich nicht berücksichtigt wurden: Nicht 80 000, sondern 454 000 Zweiverdiener-Ehepaare werden deutlich benachteiligt. Hinzu kommen 250 000 Rentnerpaare. Insgesamt sind von den schweizweit 1,5 Millionen Paaren 46 Prozent betroffen. Diese Korrektur ist politisch brisant. Denn im Februar 2016 wurde an der Urne eine CVP-Volksinitiative zur Abschaffung der Heiratsstrafe sehr knapp abgelehnt. Wäre das wahre Ausmass der Benachteiligung bekannt gewesen, hätte das Volksbegehren sicher einige Stimmen mehr erhalten. Die CVP verlangt nun eine Wiederholung der Abstimmung und hat beim Bundesgericht entsprechende Beschwerden deponiert. Der Entscheid der höchsten Richter steht noch aus.

Dieses Verfahren durchkreuzt die Pläne des Bundesrats. Im März 2018 gelangte die Regierung mit einer Vorlage ans Parlament, die vorsieht, dass bei Doppelverdienern jeder Einzelfall berechnet wird. Liegt eine Benachteiligung vor, sollen die Steuern entsprechend gekürzt werden. Damit würden die Erträge der Bundessteuer voraussichtlich um 1,15 Milliarden Franken geschmälert. Aufgrund der Abstimmungsbeschwerde der CVP hat das Parlament nun aber beschlossen, die Beratung des Geschäfts vorläufig zu sistieren.

Abzüge für Verheiratete und Splitting – die Massnahmen der Kantone

Auch die kantonalen Behörden sind sich der ungleichen Belastung bewusst und haben Massnahmen ergriffen, sprich: spezielle Abzüge für Verheiratete und Zweiverdiener-Ehepaare eingeführt. Die Verheiratetenabzüge gelten für in ungetrennter Ehe Lebende – sie können meist doppelt so viel an persönlichen Abzügen vornehmen wie Einzelpersonen. Die Höhe variiert je nach Kanton. Auch der Zweiverdienerabzug ist kantonal unterschiedlich.

Inzwischen haben die meisten Kantone zudem das Splitting eingeführt. Dabei werden die beiden Einkommen von Verheirateten zwar zusammengerechnet, aber zu einem tieferen Tarif besteuert. Der Bund und weitere Kantone kennen nur den Verheiratetentarif, der etwas tiefer liegt als der Tarif für ein Einzeleinkommen in derselben Höhe.

Eine Zusammenstellung der Massnahmen der Kantone für Ehepaare finden Sie in der Tabelle «Das Splitting in den Kantonen» unter www.beobachter.ch/download.

Individualbesteuerung?

Die radikalste und – zumindest nach Meinung der Befürworter – sauberste Lösung wäre der Wechsel zur Individualbesteuerung: Jede steuerpflichtige Person, egal ob verheiratet oder nicht, versteuert das eigene Einkommen, wie dies in vielen anderen Ländern der Fall ist.

In der Schweiz stösst die Idee nach wie vor auf politischen Widerstand. Ein Problem wären die Mehrkosten, die unter anderem wegen der vielen zusätzlichen Steuererklärungen entstehen würden. Zudem müssten bei Verheirateten die ehelichen Einkommens- und Vermögensfaktoren sowie die Abzüge für die Kinder auf beide Seiten aufgeteilt werden. Hinzu käme, dass diese Lösung – wie jede andere auch – neue Ungerechtigkeiten schaffen würde. So würden mit der Individualbesteuerung Paare benachteiligt, bei denen ein Partner allein oder überwiegend das Geld verdient. Denn diese kämen tendenziell in eine höhere Progressionsstufe als Paare, bei denen beide Seiten etwa gleich viel zum Einkommen beitragen.

Steuern für Kinder

Kinder gehören steuerlich gesehen so lange zur Familie, wie sie jünger als 18 Jahre sind oder nicht selbst Geld verdienen. Die Interkantonale Kommission für Steueraufklärung begründet dies in einem Dokument mit der neckischen, aber berechtigten Bemerkung: «Warum sollten hohe Konzertgagen eines Wunderkindes nicht besteuert werden?»

Einkommen von Minderjährigen wie Alimente, Sparzinsen oder Waisenrenten müssen – anders als das Erwerbseinkommen, also etwa der Lehrlingslohn – in der Steuererklärung der Eltern aufgeführt werden; dies gilt bei der direkten Bundessteuer und in allen Kantonen.

Wann werden Kinder selber steuerpflichtig?

Sobald die Tochter oder der Sohn einen Lohn bezieht, müssen sie sich mit der Steuererklärung befassen. Ebenso bei Erreichen der Volljährigkeit, also mit 18 Jahren. Damit ist auch klar, dass die Jugendlichen selbst die Steuern bezahlen müssen; sie – und nicht etwa die Eltern – werden vom Steueramt als Schuldner betrachtet. Für Jugendliche über 18, die noch in der Ausbildung sind, ist die Sache rasch erledigt: Sie schicken die Steuererklärung zurück mit einem kurzen Brief, dass sie noch kein Einkommen erzielen (siehe auch Seite 62).

TIM S. WIRD AM 27. SEPTEMBER 2018 VOLLJÄHRIG. Damit ist er für das Jahr 2018 steuerpflichtig und muss Anfang 2019 eine Steuererklärung ausfüllen. Mia T. wird 2018 erst 17 Jahre alt, tritt aber im Herbst ihre Lehrstelle an. Damit wird sie – obwohl noch nicht volljährig – ebenfalls steuerpflichtig.

Bei der direkten Bundessteuer und in den meisten Kantonen gibt es übrigens keine Altersgrenze nach unten, ab der Jugendliche Erwerbseinkommen versteuern müssen. Die Ausnahmen: Im Tessin sind Erwerbseinkommen von Kindern unter 18 Jahren allgemein steuerfrei. Einige Kantone gewähren Spezialabzüge.

Aufgepasst: Die Steuerpflicht gilt nicht nur für das eigentliche Erwerbseinkommen, sondern auch für sogenanntes Ersatzeinkommen; das sind Leistungen, die anstelle von Erwerbseinkommen gezahlt werden, zum Beispiel Arbeitslosen- oder Krankentaggelder. Das gilt allerdings nur für diese Einkommensarten. Weitere Einkommen minderjähriger Kinder und Jugendlicher wie Sparzinsen oder Mietzinseinnahmen – das ist durchaus denkbar – müssen von den Eltern bzw. vom Inhaber der elterlichen Sorge versteuert werden.

INFO *Grössere Geschenke, die die Kinder erhalten haben, müssen ebenfalls von den Eltern deklariert und nach den Ansätzen der Schenkungssteuer versteuert werden. Was in Ihrem Kanton als «grösseres» Geschenk gilt, sagt Ihnen das Steueramt.*

Abzüge für Kinder

Der Gesetzgeber sieht ein, dass Kinder nicht nur Freude bereiten, sondern auch kosten. Um Familien mit Kindern steuerlich zu entlasten, erlauben deshalb sowohl der Bund als auch die Kantone, in der Steuererklärung für jedes Kind einen festen Betrag abzuziehen. Die Abzüge sind erlaubt, bis das Kind 18-jährig wird, für Jugendliche in Ausbildung auch darüber hinaus. Meist werden diese Abzüge nur zugestanden, wenn der Sohn oder die Tochter nicht selbst genug Geld für den eigenen Unterhalt verdient.

INFO *Getrennt lebende verheiratete Eltern können auf der Steuererklärung je den halben Abzug für ihre minderjährigen Kinder beanspruchen. Dies jedoch nur, wenn sie keine Abzüge für Unterhaltsbeiträge geltend machen.*

Kinderabzüge für Konkubinatspaare

Leben Vater und Mutter im Konkubinat, gelten für die Kinderabzüge folgende Regeln:

- Besteht kein gemeinsames Sorgerecht und fliessen keine Unterhaltszahlungen, kann der Elternteil, der die elterliche Sorge hat, den Kinderabzug geltend machen.
- Bei gemeinsamem Sorgerecht und ohne Unterhaltszahlungen kann jeder Elternteil den halben Kinderabzug beanspruchen; hat allerdings einer von beiden kein Einkommen, kann der andere den ganzen Abzug beanspruchen.
- Wenn Unterhaltszahlungen fliessen, kann der Elternteil, der die Unterhaltszahlungen erhält, den Kinderabzug geltend machen.

Eine Zusammenstellung der Abzüge für Kinder und Jugendliche finden Sie in der Tabelle «Kinderabzüge» unter www.beobachter.ch/download.

Entlastung für Eltern

Seit der Steuerperiode 2011 gibt es für Familien weitere Entlastungen. Die Bundesparlamentarier konnten sich auf eine Reform einigen, die die Steuergerechtigkeit zwischen Personen mit und ohne Kinder verbessert. Bei der direkten Bundessteuer wird dies mit einem Elterntarif erreicht: Pro Kind und Jahr erhalten Eltern einen Abzug von 251 Franken vom Steuerbetrag. Wohlverstanden, vom Steuerbetrag, nicht wie sonst bei Abzügen üblich vom steuerbaren Einkommen.

Gleichzeitig wird für die Kinderbetreuung ausserhalb der Familie bei der Bundessteuer ein steuerlicher Abzug von maximal 10 100 Franken gewährt. Zu diesem Fremdbetreuungsabzug sind Eltern berechtigt, die wegen ihrer Berufstätigkeit oder wegen einer Weiterbildung ihr Kind nicht selber betreuen können. Möglich ist der Abzug auch für erwerbsunfähige Eltern, die zudem aufgrund einer Beeinträchtigung die Betreuung nicht selber übernehmen können (zum Beispiel wegen einer langwierigen Krankheit). 2018 hat der Bundesrat beschlossen, den Höchstabzug auf 25 000 Franken zu erhöhen. Die Vorlage muss noch ins Parlament, hat aber gute Chancen. Wann sie in Kraft treten könnte, ist noch offen.

Die Kantone können die Obergrenze für den Fremdbetreuungsabzug individuell bestimmen. Bis 2013 mussten alle Kantone einen solchen Abzug einführen (siehe Tabelle «Abzüge für Fremdbetreuung der Kinder» unter www.beobachter.ch/download). Der Bundesrat wollte für die Kantone einen Mindestabzug von 10 000 Franken einführen. Da dieser Vorschlag in der Vernehmlassung auf Widerstand stiess, verzichtete er darauf.

Wir leben in Diemtigen, unsere Tochter absolviert in Bern eine Erstausbildung zur Physiotherapeutin. Dürfen wir die Miete für Ihr WG-Zimmer von der Steuer abziehen?

Dafür gibt es kantonal unterschiedliche Regelungen. In mehreren Kantonen – zum Beispiel auch in Bern – gibt es nebst dem Kinderabzug zusätzlich die Möglichkeit, Kosten für die auswärtige Ausbildung abzuziehen (siehe die Tabelle «Kinderabzüge» unter www.beobachter.ch/download). Beim Bund ist hingegen kein solcher Abzug erlaubt.

Geschieden oder getrennt: Wer darf was abziehen?

Wenn ein Paar mit Kindern sich trennt, wird es steuerlich kniffliger. Der Grundsatz lautet: Wer Alimente zahlt, darf sie vom Einkommen abziehen; wer sie bekommt, muss sie als Einkommen versteuern. Eine wichtige Ausnahme von diesem Grundsatz: Für die Kinderalimente gilt dies nur so lange, wie der Sohn, die Tochter nicht volljährig ist. Danach können diese Gelder weder beim zahlenden Elternteil abgezogen noch müssen sie vom Kind versteuert werden.

Anders als bei den monatlichen Unterhaltsbeiträgen ist die Regelung für Alimente in Form einer einmaligen Kapitalleistung: Sie sind sowohl beim Bund als auch in den meisten Kantonen nicht steuerpflichtig.

Und der Kinderabzug?

Solange verheiratete Eltern zusammenleben, machen sie den Kinderabzug in der gemeinsamen Steuererklärung geltend. Was gilt, wenn Eltern getrennt oder geschieden sind?

- Sind die Eltern geschieden, getrennt oder unverheiratet, kann der Elternteil, der mit dem Kind zusammenlebt und dessen Unterhalt zur Hauptsache bestreitet, den Kinderabzug geltend machen. In der Regel ist das derjenige Elternteil, der die Unterhaltszahlungen für das Kind erhält.
- Haben getrennt lebende Eltern – egal, ob verheiratet, geschieden oder unverheiratet – das gemeinsame Sorgerecht und werden keine Alimente für das Kind gezahlt, teilen sie den Kinderabzug hälftig auf.
- Besteht ein gemeinsames Sorgerecht und fliessen Alimente, kann wie bei Konkubinatspaaren der Elternteil, der die Unterhaltszahlungen erhält, den Kinderabzug geltend machen.

Ich bin geschieden und finanziere den grössten Teil des Lebensunterhalts und der Studienkosten meiner volljährigen Tochter. Die Tochter wohnt bei der Mutter. Kann ich trotzdem den Kinderabzug vornehmen?

Anrecht auf die Pauschale für den Kinderabzug hat der Elternteil, der Alimente zahlt. Tragen beide Eltern zum Unterhalt des Kindes bei, kann derjenige mit den höheren Unterhaltsleistungen den Kinderabzug vornehmen – in Ihrer Konstellation also Sie. Die Höhe des Abzugs ist kantonal unterschiedlich. Übrigens: Da Ihre Tochter volljährig ist, dürfen Sie die Alimente nicht mehr abziehen. Ihre Tochter muss sie aber auch nicht versteuern.

Für den andern Elternteil ist in solchen Situationen der Unterstützungsabzug vorgesehen. Ihre Exfrau kann diesen geltend machen, wenn ihre Unterhaltsleistungen mindestens die Höhe des Abzuges erreichen.

Anders wäre die Regelung, wenn Ihre Tochter noch nicht volljährig wäre. Dann dürften Sie Ihre Alimentenzahlungen von den Steuern abziehen. Die Mutter müsste diese versteuern, dürfte aber den Kinderabzug vornehmen.

OFF
ON/C
M+
M–
MRC

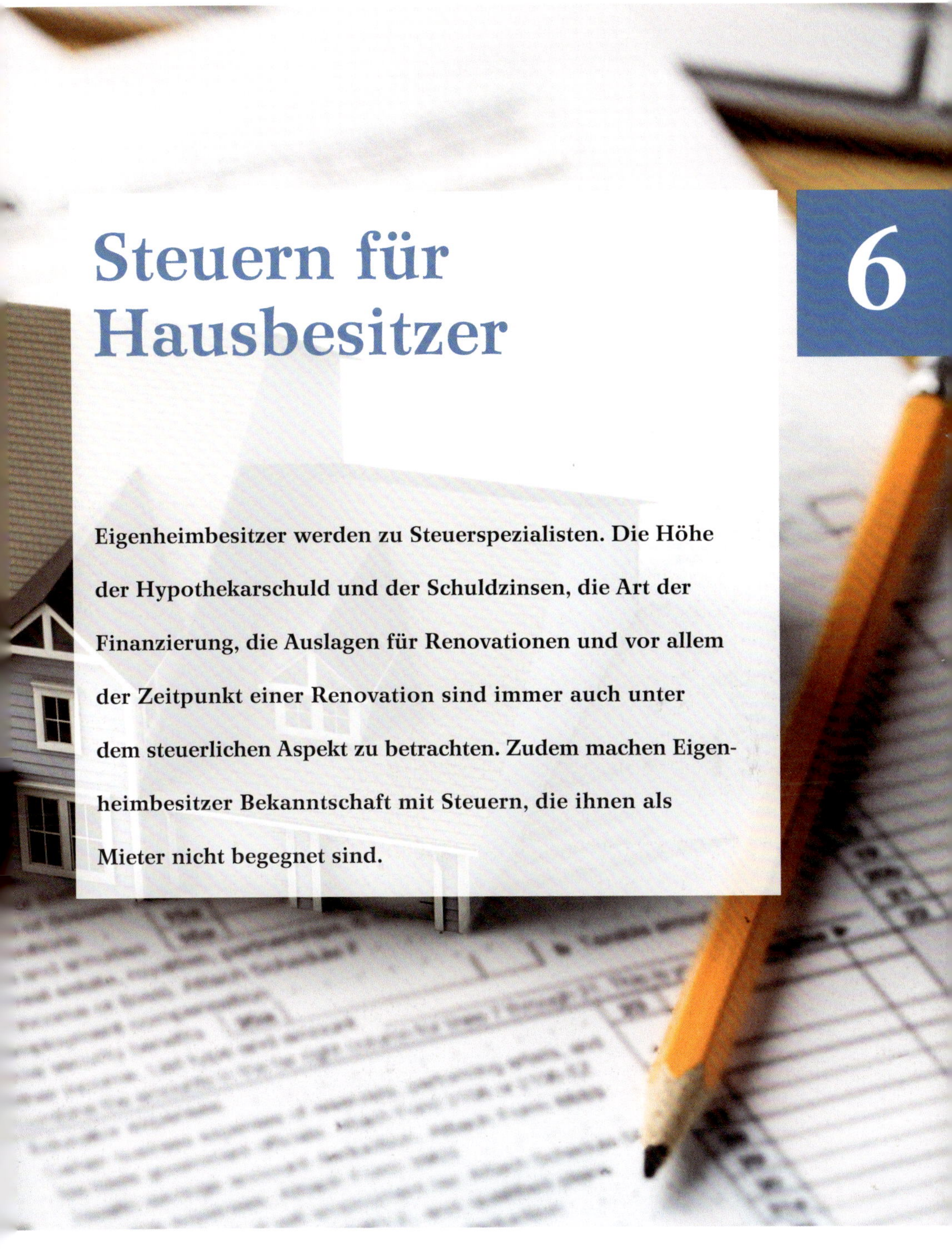

Steuern für Hausbesitzer

6

Eigenheimbesitzer werden zu Steuerspezialisten. Die Höhe der Hypothekarschuld und der Schuldzinsen, die Art der Finanzierung, die Auslagen für Renovationen und vor allem der Zeitpunkt einer Renovation sind immer auch unter dem steuerlichen Aspekt zu betrachten. Zudem machen Eigenheimbesitzer Bekanntschaft mit Steuern, die ihnen als Mieter nicht begegnet sind.

Steuergesetze rund um Haus und Wohnung

Kann ich mit dem Kauf eines Hauses Steuern sparen? Diese Frage hört man immer wieder. Doch sie ist falsch gestellt. Auch ob der Kauf schliesslich billiger zu stehen kommt als die Miete, ist sekundär. Eigenheimbesitzer zu sein, ist vorab eine emotionale Angelegenheit.

Sicher ist aber, dass Sie als angehender Eigenheimbesitzer mit neuen Steuern konfrontiert werden. Sicher ist auch, dass Sie sich in Steuersachen geschickter oder weniger geschickt anstellen können.

Die Liegenschaftssteuer

Das Eigenheim muss man als Vermögen versteuern. Damit gibt sich die öffentliche Hand nicht überall zufrieden; verschiedene Kantone besteuern das Objekt ein zweites Mal mit der Liegenschaftssteuer, auch Grund- oder Grundstücksteuer genannt. Es handelt sich um eine Objektsteuer, die sich nur an der Liegenschaft und nicht an der Leistungsfähigkeit des Eigentümers orientiert. Bemessungsgrundlage ist der Bruttowert, das heisst, die auf dem Grundstück lastenden Hypotheken können nicht in Abzug gebracht werden.

Liegenschaftssteuern werden teils von den Kantonen, teils von den Gemeinden, teils von beiden erhoben. Der Steuersatz ist proportional. Er liegt zwischen 0,1 und 3 Promille des Steuerwerts der Liegenschaft.

Die Handänderungssteuer

Wechselt eine Liegenschaft den Besitzer, fallen Handänderungssteuern an. Jeder Kanton erhebt diese Steuer nach eigenem Geschmack; denn das Steuerharmonisierungsgesetz hat in diesem Bereich keine Wirkung. Gemäss einer Übersicht der Schweizerischen Steuerkonferenz vom April 2018 kennen folgende Kantone keine Handänderungssteuer, sondern nur eine Handänderungsgebühr: Aargau, Glarus, Schaffhausen, Tessin, Uri, Zug und Zürich. Im Wallis gibt es eine Gebühr und eine Steuer. Mit der Gebühr werden die anfallenden Verwaltungskosten in Rechnung gestellt. Oft muss der Käufer die Gebühr respektive Steuer bezahlen.

Wird Wohneigentum auf die Ehefrau, den Ehemann oder auf die Kinder übertragen, fallen in den meisten Kantonen keine Handänderungssteuern an. Zudem kennt praktisch jeder Kanton noch Sonderregelungen. Im Kanton Baselland beispielsweise wird beim Käufer keine Steuer erhoben, wenn er selber im neu gekauften Eigenheim wohnt.

Die Grundstückgewinnsteuer

Nicht zu verwechseln mit der Handänderungssteuer ist die Grundstückgewinnsteuer. Auch sie knüpft an den Wechsel des Eigentümers der Liegenschaft an. Doch Gegenstand der Grundstückgewinnsteuer ist nicht die Handänderung als solche, sondern der dabei erzielte Gewinn. Dieser ergibt sich aus der Differenz zwischen dem seinerzeitigen Kauf- und dem Verkaufspreis. Zum Kaufpreis können die wertvermehrenden Aufwendungen hinzugezählt werden. Wer vor vielen Jahren eine Liegenschaft erworben hat, wird sie heute unter Umständen für ein Vielfaches des damals bezahlten Preises veräussern können. Bei derart hohen Gewinnen kann die Grundstückgewinnsteuer bis zu 30 Prozent des Erlöses ausmachen.

Wer mit Immobilien spekuliert und kurzfristig hohe Gewinne erzielt, wird stärker belastet als jemand, der nach längerer Zeit seine Liegenschaft verkauft. Die meisten Kantone gewähren eine Steuerermässigung für jedes Jahr, während dessen der Verkäufer Eigentümer war.

INFO *Unter den Begriff Grundstück fallen nicht nur Häuser und Landparzellen, sondern auch Miteigentumsanteile an Grundstücken, Stockwerkeigentumseinheiten und ins Grundbuch aufgenommene selbständige und dauernde Rechte, etwa ein Baurecht.*

Alle 26 **Kantone** kennen die Grundstückgewinnsteuer. Die Regelungen sind unterschiedlich, wurden aber mit dem Steuerharmonisierungsgesetz in gewisser Hinsicht vereinheitlicht. So ist immer der Verkäufer der Liegenschaft steuerpflichtig. Im notariellen Kaufvertrag lässt sich zwar vereinbaren, dass die Erwerberin die Kosten für die Grundstückgewinnsteuer übernimmt. Gegenüber dem Fiskus ist eine solche Vereinbarung jedoch nicht bindend; steuerpflichtig bleibt von Gesetzes wegen der Veräusserer. Kann oder will die Erwerberin nicht zahlen, wird der Fiskus trotz gegenteiliger notarieller Vereinbarung den Veräusserer belangen.

ACHTUNG *Die Grundstückgewinnsteuer ist zwar vom Verkäufer geschuldet. Dennoch sollten Sie sich beim Kauf absichern für den Fall, dass er sie nicht zahlt. Denn in den meisten Kantonen kann die Gemeinde in diesem Fall auf der Liegenschaft ein Grundpfand errichten – so bleibt die Schuld letztlich doch an Ihnen hängen. Am besten behalten Sie sich im Kaufvertrag das Recht vor, die voraussichtliche Grundstückgewinnsteuer auf ein Treuhandkonto der Bank oder des Notars zu überweisen. Diese zahlen daraus die Steuer und händigen den Restbetrag dem Verkäufer aus.*

Der **Bund** erhebt keine Grundstückgewinnsteuer. Befindet sich die Liegenschaft im Privatvermögen, bleibt der aus dem Verkauf erzielte Gewinn steuerfrei. Befindet sich eine Liegenschaft dagegen im Geschäftsvermögen, wird der Liegenschaftsgewinn als Einkommen aus selbständiger Erwerbstätigkeit oder Gewinn einer juristischen Person besteuert.

Weitere Kosten

Beim Eigentümerwechsel einer Liegenschaft verdient der Staat mit. Doch die Handänderungs- und die Grundstückgewinnsteuer sind nicht die einzigen Abgaben beim Kauf eines Eigenheims.

Notar und Grundbuchamt

Der Kaufvertrag einer Liegenschaft muss im Beisein eines Notars unterschrieben werden. Die Kantone Appenzell, Schaffhausen, Schwyz, Solothurn, Thurgau und Zürich kennen das System des Amtsnotariats. Die anderen Kantone haben freiberufliche Notare oder Mischformen. Entlöhnungssysteme gibt es so viele, wie es Kantone gibt. Ein Beispiel:

IM KANTON BERN WIRD EINE GRUNDGEBÜHR plus eine Gebühr nach Arbeitsaufwand verrechnet. Die Grundgebühr beträgt für die ersten 200 000 Franken mindestens 1050 Franken. Für die Verhandlungen und für die Abklärungen, die der Beurkundung vorangehen, wird zusätzlich ein Stundenhonorar von 150 bis 230 Franken verlangt. Und schliesslich ist auf der Notariatsrechnung noch die Mehrwertsteuer zu bezahlen.

Jeder Eigentümer eines Grundstücks muss im Grundbuch eingetragen werden. Auch das kostet. Und auch die Kosten für die Beurkundung, die in der Regel vom Notar vorgenommen wird, variieren von Kanton zu Kanton. Sie werden häufig in Promille der Kaufsumme ausgedrückt.

Schuldbriefe

Damit ein Eigenheimkäufer überhaupt eine Hypothek aufnehmen kann, müssen Schuldbriefe errichtet werden. Häufig kann man vom Verkäufer die bereits bestehenden Schuldbriefe übernehmen. Wenn nicht, wird das Eigenheim nochmals ein paar Tausend Franken teurer. Wollen Sie zum Beispiel eine Hypothek von 450 000 Franken aufnehmen, müssen für diesen Betrag Schuldbriefe erstellt werden. Auf dem Betrag wird eine Pfandrechtssteuer erhoben; die Höhe ist von Kanton zu Kanton verschieden. Zudem wird das Grundbuchamt für jeden Schuldbrief einen bestimmten Betrag verlangen.

Gebühren für die Hypothek

Die Bank verlangt für die Hypothek nicht nur einen periodischen Zins, sondern häufig auch eine Kreditprüfungsgebühr. Diese Gebühr ist verhandelbar. Beim scharfen Konkurrenzkampf, wie er zurzeit unter den Banken herrscht, sind die Kunden in einer Position der Stärke. Konkret: Auf hartnäckiges Nachfragen hin wird Ihnen die Gebühr erlassen.

Marktwertschätzung

Die oben genannten Kosten verteuern eine Liegenschaft. Auch eine Marktwertschätzung kostet Geld. Dieser Aufwand kann sich für Sie als Käufer oder Käuferin aber durchaus lohnen, nämlich dann, wenn der Schätzungsexperte einen viel tieferen Marktpreis ermittelt, als Sie zu zahlen bereit gewesen wären.

Professionelle Liegenschaftenschätzer finden Sie beim schweizerischen Verband der Immobilienwirtschaft (SVIT, www.svit.ch), der eine Schätzungsexpertenkammer führt. Die Kosten belaufen sich auf 1000 bis 1500 Franken. Auch Architekten führen Schätzungen durch.

TIPP *Im Internet können Sie selber eine Bewertung Ihres zukünftigen Eigenheims vornehmen: mit detaillierten Angaben und für einige Hundert Franken bei Iazi oder Wüest Partner (www.iazi-cifi.ch, www.wuestpartner.com) oder gratis zum Beispiel unter www.pricehubble.com, www.comparis.ch oder www.brixel.io. Dazu müssen Sie eine Reihe von Daten zu Ihrem Objekt eingeben. In einer grossen Datenbank werden Ihre Angaben mit denen von ähnlichen Liegenschaften verglichen, die in den letzten Jahren verkauft wurden und deren Preis bekannt ist. Auf diese Weise lässt sich der Wert einer Liegenschaft recht genau bestimmen.*

Steuerfragen beim Kauf und Bau des Eigenheims

«Der Bund fördert den Wohnungsbau, den Erwerb von Wohnungs- und Hauseigentum, das dem Eigenbedarf Privater dient.» So steht es in Artikel 108 der Bundesverfassung. Weil der Besitz von Wohneigentum auch eine Art der Altersvorsorge ist, dürfen für den Kauf einer selbst genutzten Liegenschaft Gelder aus der 2. Säule und der Säule 3a verwendet werden.

Auch wenn Sie Ihr zukünftiges Eigenheim nicht kaufen, sondern selber bauen, gibt es verschiedene steuerliche Aspekte, die Sie berücksichtigen sollten.

Steuergünstiges Eigenkapital von der Pensionskasse

BUCHTIPP
Antworten auf alle Fragen rund um die eigenen vier Wände finden Sie in zwei Beobachter-Ratgebern: **Der Weg zum Eigenheim. Finanzierung, Kauf, Bau und Unterhalt** sowie **Stockwerkeigentum. Kauf, Finanzierung, Regelungen der Eigentümerschaft.**
www.beobachter.ch/buchshop

Die Finanzierung von Wohneigentum mit Geld aus der 2. Säule ist im Bundesgesetz über die berufliche Vorsorge (BVG) geregelt. Es gibt zwei Möglichkeiten: den Vorbezug und die Verpfändung.

Regeln für den Vorbezug

Können Sie für den Kauf Ihres Eigenheims nicht genug Eigenkapital aufbringen, dürfen Sie dafür Ihr Pensionskassenguthaben vorbeziehen. Dabei müssen Sie folgende Regeln beachten:

- Nur eine selbst bewohnte, dauernd genutzte Liegenschaft kann mit Geldern aus der 2. Säule finanziert werden, nicht aber eine Ferienwohnung oder ein Mietshaus.
- Das Geld der 2. Säule darf für Alleineigentum, für Miteigentum, für Stockwerkeigentum oder für ein Baurecht eingesetzt werden. Auch eine Abzahlung der Hypothek mit Pensionskassenguthaben ist möglich.
- Beim Erwerb eines Eigenheims muss der Käufer mindestens 20 Prozent des Preises aus Eigenmitteln finanzieren. Höchstens die Hälfte davon – also maximal 10 Prozent des Kaufpreises – dürfen aus der 2. Säule kommen.
- Der Mindestbetrag für den Vorbezug beträgt 20 000 Franken.
- Das Guthaben kann nur bis drei Jahre vor Erreichen des reglementarischen Pensionierungsalters vorbezogen werden. Erlaubt das Pensionskassenreglement eine Frühpensionierung mit 58 und wollen Sie dies nutzen, müssen Sie das Geld vor dem 55. Geburtstag bezogen haben.
- Bis 50 kann man das gesamte Pensionskassenguthaben vorbeziehen, ab 50 entweder den Betrag, den man mit 50 hätte vorbeziehen können, oder die Hälfte des aktuellen Guthabens – je nachdem, welche Summe höher ist.
- Der vorbezogene Betrag muss versteuert werden – und zwar getrennt vom übrigen Einkommen zu einem speziellen Tarif (siehe die Tabelle «Besteuerung von Kapitalauszahlungen der 2. Säule und der Säule 3a» unter www.beobachter.ch/download). Zahlt man den Betrag später

wieder in die Pensionskasse zurück, wird die Steuer zurückerstattet, allerdings ohne Zins.

- Verheiratete brauchen für den Vorbezug die schriftliche Zustimmung des Ehemanns, der Ehefrau.

Vorbezug oder Verpfändung?

Meist ist es vorteilhafter, das Pensionskassenguthaben zu verpfänden, statt es vorzubeziehen. Für die Verpfändung gelten die gleichen Regeln wie für den Vorbezug. Das Geld bleibt aber in der Pensionskasse und würde von der Bank nur bei Zahlungsunfähigkeit des Schuldners beschlagnahmt. Das verpfändete Kapital dient der Bank als Sicherheit, sodass sie günstigere Konditionen und eine höhere Hypothek anbieten kann. Über eines muss man sich freilich im Klaren sein: Das verpfändete Kapital ist blockiert. Sowohl für eine Barauszahlung (zum Beispiel bei Aufnahme einer selbständigen Erwerbstätigkeit) wie auch für die Halbierung des Pensionskassenguthabens bei einer Scheidung braucht es die Zustimmung der Hypothekarbank.

Der grösste Vorteil der Verpfändung liegt darin, dass Sie weiterhin mit den vollen Leistungen der Pensionskasse rechnen können. Ein Vorbezug dagegen reduziert die Altersleistungen und unter Umständen auch den Risikoschutz bei Invalidität und Tod.

Zu einer Besteuerung kommt es bei der Verpfändung nur im schlimmsten Fall, wenn nämlich die Bank zur Verwertung der verpfändeten Vorsorgeguthaben schreitet. Ein weiterer Vorteil der Verpfändung besteht darin, dass die Hypothek mit dem Pensionskassengeld nicht reduziert, sondern nur abgesichert wird und Sie deshalb die vollen Schuldzinsen weiterhin in der Steuererklärung abziehen können.

TIPPS *Falls Sie Pensionskassenguthaben für die Finanzierung Ihres Eigenheims verwenden wollen, wählen Sie besser die Verpfändung als den Vorbezug. Zum einen kommt es nicht zu einer Auszahlung von Pensionskassengeldern, die besteuert würde; zum andern sind die nachteiligen Auswirkungen auf die künftigen Leistungen der Pensionskasse weniger schwerwiegend.*

Wählen Sie den Vorbezug, sollten Sie die Risiken Tod und Invalidität mit einer freiwilligen Zusatzversicherung wieder absichern.

Wenn Sie vorbezogenes Kapital wieder in die Pensionskasse einbringen, können Sie die seinerzeit bezahlten Steuern zurückfordern. Diese Rückforderung müssen Sie innert drei Jahren seit dem Wiedereinzahlen beantragen, und Sie müssen die damalige Steuerrechnung beilegen können.

Aufgepasst: Einkäufe in die Pensionskasse sind erst wieder möglich, wenn Sie frühere Vorbezüge zurückgezahlt haben.

Finanzierung mit Guthaben der Säule 3a

Auch mit Guthaben der Säule 3a lässt sich selbst genutztes Wohneigentum finanzieren. Die Bedingungen sind im Wesentlichen dieselben wie bei der Pensionskasse.

Wer in die Säule 3a einzahlt, tut dies in erster Linie wegen des steuerlichen Abzugs (siehe Seite 151). Die Rendite des 3a-Sparens ist nicht berauschend. Und je länger das Geld auf dem 3a-Konto liegt, desto eher verpufft die bei der Einzahlung erzielte Steuerersparnis. Deshalb sollte die Option geprüft werden, Gelder der Säule 3a für den Erwerb eines Eigenheims oder die Amortisation der Hypothek einzusetzen. Kommt hinzu,

ABSCHIED VOM BAUSPAREN

2012 erteilte das Schweizer Volk dem Bausparen eine klare Abfuhr. Gleich zweimal stimmte es über Vorlagen ab, die den Erwerb von Wohneigentum steuerlich fördern sollten. Die Volksinitiative des Hauseigentümerverbands (HEV) sah vor, dass angehende Hauskäufer zehn Jahre lang 10 000 Franken vom steuerbaren Einkommen abziehen können sollten. Gemäss dem zweiten Volksbegehren sollte ein ähnliches Modell des Kantons Baselland schweizweit übernommen werden. Bei der Baselbieter Bauspar-Initiative lag der Ja-Stimmen-Anteil bei 44,2 Prozent, bei der HEV-Initiative gar nur bei 31,1 Prozent. Selbst in Baselland, das das Bausparen als einziger Kanton eingeführt hatte, sagte das Volk mehrheitlich Nein.

Deshalb beschloss auch die Baselbieter Regierung, die kantonale Eigenheit per sofort abzuschaffen: 2012 konnten letztmals Bauspareinlagen abgezogen werden. Seit Anfang 2013 werden Zinserträge auf Bausparkonten besteuert und das angesparte Bausparkapital wird zum Vermögen hinzugerechnet. ■

dass das 3a-Konto im Unterschied zur Pensionskasse keine Risikoversicherung beinhaltet.

Der Vorbezug von Vorsorgekapital der Säule 3a wird ebenfalls separat vom übrigen Einkommen besteuert und ebenfalls zu einem tieferen Satz. Der Bund erhebt eine Jahressteuer von einem Fünftel der ordentlichen Tarife; für die Kantone schreibt das Steuerharmonisierungsgesetz die Besteuerung zu einem separaten Tarif vor (siehe auch die Tabelle «Besteuerung von Kapitalauszahlungen der 2. Säule und der Säule 3a» unter www.beobachter.ch/download).

TIPP *Sowohl beim Bund wie auch in den Kantonen können Sie die Progression dadurch brechen, dass Sie alle fünf Jahre die Auszahlung von Teilbeträgen Ihres 3a-Guthabens zum Erwerb von selbst genutztem Wohneigentum bzw. zur Amortisation der darauf lastenden Hypotheken verlangen.*

Steuerfragen beim Bau

Die Kosten für den Bau eines Eigenheims sind sogenannte Anlagekosten, die sich im Gegensatz zu den Unterhaltskosten nicht vom steuerbaren Einkommen abziehen lassen. Wird das Haus jedoch später mit Gewinn verkauft, darf man die Baukosten zusammen mit dem Erwerbspreis des Landes vom Verkaufserlös abziehen. Das reduziert die Grundstückgewinnsteuer (siehe Seite 101). Deshalb lohnt es sich, die Rechnungen für lange Zeit gut aufzubewahren.

Baukreditzinsen

Während der Bauphase verfügen zukünftige Eigenheimbesitzer in der Regel über einen Baukredit, der nach Abschluss der Arbeiten durch eine normale Hypothek abgelöst wird. Beim Bund und in den meisten Kantonen gelten Baukreditzinsen als Anlagekosten. Mit anderen Worten: Sie können nicht wie normale Schuldzinsen vom steuerbaren Einkommen abgezogen werden. Auch diese Kosten werden erst beim Verkauf der Liegenschaft bei der Grundstückgewinnsteuer relevant. Da kaum jemand sein Eigenheim kurz nach der Erstellung wieder verkauft, kommen Baukreditzinsen meist erst nach längerer Zeit zum Abzug.

Aus Gründen der Liquidität und der Verzinsung wäre es natürlich vorteilhaft, wenn man die Baukreditzinsen sofort vom steuerbaren Einkommen abziehen könnte. Deshalb folgender Tipp an Bauherren, die bereits über Grundbesitz verfügen: Nehmen Sie anstelle eines Baukredits eine normale Hypothek auf einer anderen, Ihnen gehörenden Liegenschaft auf. Die Zinsen für diese Hypothek können Sie sofort vom steuerbaren Einkommen abziehen.

Mehrwertsteuer

Die Materialien und Leistungen für den Bau einer Liegenschaft sind mehrwertsteuerpflichtig. Da wirkt sich aus, dass diese Steuer grundsätzlich vom Endverbraucher getragen werden muss.

- Lassen Sie als Privatperson ein Eigenheim bauen, sind Sie Endverbraucher und können deshalb die Mehrwertsteuer, die Sie mit den Rechnungen der Handwerker bezahlen, nicht zurückfordern.
- Anders verhält es sich beim Bau einer Liegenschaft, die geschäftlichen Zwecken dienen soll: Die Inhaberin einer Autogarage, die ein neues Betriebsgebäude mit Werkstätten und Ausstellungsräumen erstellen lässt, kann die in den Baukosten enthaltene Mehrwertsteuer zurückfordern. Denn das Gebäude dient ausschliesslich geschäftlichen Zwecken, und die Garagistin tritt bei diesen Bauarbeiten in keiner Weise als Konsumentin auf.

Steuerfragen bei der Nutzung

Hauseigentümer haben gegenüber Mietern steuerliche Vorteile. Vor allem aber können sie mit Renovationen ihre Steuerbelastung beeinflussen, was den Mietern weitgehend verwehrt bleibt.

Zuerst aber wird das Einfamilienhaus oder die Wohnung besteuert: einerseits als Vermögen und anderseits – über den Eigenmietwert – auch beim Einkommen.

Der Eigenmietwert

Mieter können den Mietzins nicht vom steuerbaren Einkommen abziehen; der Eigenheimbesitzer dagegen kann die Hypothekarzinsen steuerlich voll geltend machen. Ungerecht ist das nur auf den ersten Blick, denn Eigentümer von Liegenschaften zahlen dafür Einkommenssteuern. Wenn sie ihre Liegenschaft vermieten, müssen sie die Mieteinnahmen als Einkommen versteuern. Und wenn sie in den eigenen vier Wänden selber wohnen, versteuern sie den Eigenmietwert als fiktives Einkommen. Dieser Eigenmietwert sollte im Prinzip dem Mietzins entsprechen, der bei einer Vermietung erzielt werden könnte. In der Regel liegt er etwas tiefer.

DER EIGENMIETWERT WIRD (NOCH) NICHT ABGESCHAFFT

Den Eigenmietwert versteuern Hausbesitzer, obwohl gar kein Geld fliesst. Das ist für viele nur schwer nachvollziehbar. Experten sprechen dabei von einem Naturaleinkommen, das zu versteuern sei, weil der Besitzer von seiner Liegenschaft einen Nutzen habe. Naturaleinkommen aus anderen Wertgegenständen – seien es teure Autos, ein Wohnmobil oder Kunstgegenstände – sind allerdings nicht zu versteuern.

Es gab schon viele Versuche, den Eigenmietwert abzuschaffen, doch bisher scheiterten alle. So auch im September 2012: Das Stimmvolk verwarf die Initiative «Sicheres Wohnen im Alter» des Hauseigentümerverbands (HEV). Wäre die Initiative umgesetzt worden, hätte dies viele Wohneigentümer im Ruhestand steuerlich entlastet. Bei älteren Menschen kann der Eigenmietwert in der Tat zu Härtefällen führen. Viele haben ihre Hypothek weitgehend abgezahlt und können daher kaum Schuldzinsen abziehen. Dann treibt der Eigenmietwert die Steuern in die Höhe, und unter Umständen reicht die Rente nicht, um Lebensunterhalt und Steuern zu bezahlen.

Die Wirtschaftskommission des Ständerats hat im August 2018 einer parlamentarischen Initiative zugestimmt, damit der bei vielen Hausbesitzern unbeliebte Eigenmietwert endlich beseitigt werden kann. Der Vorschlag sieht in der ersten Fassung vor, dass der Eigenmietwert nur am Hauptwohnsitz abgeschafft wird. Zweitwohnungen wären also ausgenommen. Zudem sollen die Unterhaltskosten neu nicht mehr abzugsfähig sein. Bei der Bundessteuer sollen Hausbesitzer auch keine Abzüge mehr vornehmen dürfen, wenn es um Nachhaltigkeit oder Denkmalpflege geht. Weiterhin soll es jedoch einen reduzierten Schuldzinsenabzug geben. Ob der Vorschlag umgesetzt wird, ist allerdings offen, er hat noch einen längeren politischen Weg vor sich. Doch die Chancen sind durchaus intakt. ■

Wir haben 100 000 Franken gespart und könnten damit die Hypothek auf unserem Haus reduzieren. Ein Arbeitskollege meines Mannes hat allerdings davon abgeraten. Mit Schulden könne man Steuern sparen, meint er. Was sollen wir tun?

Im Grundsatz ist es falsch, mit Schulden Steuern sparen zu wollen. Zwar können Sie, wenn Sie die Hypothek nicht reduzieren, höhere Hypothekarzinsen vom Eigenmietwert abziehen und so die Steuerlast reduzieren. Doch dann müssen Sie diese höheren Zinsen auch zahlen, und das ist stets mehr als der eingesparte Steuerbetrag. Anders kann die Rechnung ausfallen, wenn Sie die 100 000 Franken gewinnbringend anlegen. Doch die Renditen von sicheren Anlagen sind in der Regel tiefer als das, was Sie als Hypothekarzins zahlen. Und wenn Sie das Geld in Wertpapiere mit höheren Renditen anlegen, zum Beispiel in Aktien, gehen Sie das Risiko ein, Vermögen zu verlieren.

Den Eigenmietwert muss man auch dann als fiktives Einkommen versteuern, wenn man das Objekt nicht dauernd bewohnt. Behalten Sie Ihre Ferienwohnung im Wallis das ganze Jahr für sich frei, müssen Sie den vollen Eigenmietwert versteuern, auch wenn Sie sie nur ein paar Wochen pro Jahr nutzen (siehe auch nächste Seite).

In gewissen Situationen entfällt die Versteuerung des Eigenmietwerts, obschon das Eigenheim nicht vermietet ist:

- bei Objekten, für die trotz aller Bemühungen kein passender Mieter gefunden werden kann
- bei leer stehenden Liegenschaften, die in einem so schlechten Zustand sind, dass sie gar nicht genutzt werden können
- bei grösseren Renovationsarbeiten, während derer die Wohnung oder das Haus nicht genutzt werden können

Unternutzungsabzug

Wird ein Teil des Hauses oder der Wohnung nicht mehr genutzt, muss beim Bund und in einigen Kantonen nicht der volle Eigenmietwert versteuert werden. Denn die Höhe des Eigenmietwerts wird «unter Berücksichtigung der ortsüblichen Verhältnisse und der tatsächlichen Nutzung der Liegenschaft» festgelegt. Wenn etwa die Kinder ausgezogen sind oder

Sie nach der Scheidung gewisse Räume Ihrer Liegenschaft nicht mehr benutzen, müssen Sie den Eigenmietwert für diese Räume auch nicht versteuern.

Doch aufgepasst: Nicht alle Kantone kennen diesen Abzug für die Unternutzung. Ausserdem ist die Auslegung der Bestimmung rigoros: Das überflüssig gewordene Zimmer darf wirklich nicht mehr genutzt werden, auch nicht etwa als Lagerraum. Es muss gewissermassen verriegelt sein.

Den Unternutzungsabzug müssen Sie ausdrücklich beantragen. Ist er in Ihrem Kanton nicht zugelassen, dürfte es sich aber kaum lohnen, nur für die Bundessteuer den administrativen Aufwand für diesen Antrag auf sich zu nehmen.

Einschlag in Härtefällen

Im Kanton Zürich wird ein Einschlag gewährt, wenn der Eigenmietwert in einem offensichtlichen Missverhältnis zu den Einkommens- und Vermögensverhältnissen der steuerpflichtigen Person steht. Dies ist dann der Fall, wenn der Eigenmietwert mehr als einen Drittel der Einkünfte ausmacht. Die Kantone Genf, Graubünden, Luzern und Waadt kennen eine ähnliche Regelung.

Vermietung von Liegenschaften und Eigenmietwert

Wer als Privatperson seine Liegenschaft vermietet, muss natürlich keinen Eigenmietwert versteuern. Die Mieteinnahmen unterliegen aber der Einkommenssteuer. Gerade bei Ferienwohnungen gibt es einige Mischformen von Selbstnutzen und Vermieten:

- **Zeitweise Vermietung des Eigenheims:**
  Wer beispielsweise seine Ferienwohnung nicht das ganze Jahr selbst nutzt (oder leer stehen lässt), sondern während einiger Monate an Dritte vermietet, muss für die Dauer der Vermietung den Mietzins versteuern, kann aber den Eigenmietwert pro rata herabsetzen.
- **Vermietung von möblierten Zimmern oder Ferienwohnungen**
  Wer ein möbliertes Zimmer oder eine möblierte Ferienwohnung vermietet, kann in gewissen Kantonen für die Abnutzung der Wohnungseinrichtung einen zusätzlichen Abzug vornehmen. Im Kanton Bern beispielsweise darf man dafür einen Pauschalabzug von 20 Prozent der Miete, aber höchstens 3000 Franken pro möbliert vermietete Wohnungseinheit geltend machen.

- **Kostenlose Überlassung oder Vermietung an Nahestehende**
  Es kann vorkommen, dass jemand ein Eigenheim seinen Verwandten gratis zur Nutzung überlässt. In diesem Fall hat er den vollen Eigenmietwert zu versteuern, wie wenn er das Haus selbst bewohnen würde, und der «Mieter» riskiert ausserdem noch, Schenkungssteuern bezahlen zu müssen.

TIPP *Wenn Sie Ihren Kindern oder nahen Verwandten ein Haus kostengünstig zur Nutzung überlassen wollen, sollten Sie einen Mietvertrag zu einem Freundschaftspreis abschliessen. Dieser kann problemlos unter dem Eigenmietwert liegen. Dann versteuern Sie anstelle des Eigenmietwerts die niedrigere Miete. Aber aufgepasst: Dieser Tipp gilt nicht für alle Kantone. Einige Steuergesetze bestimmen ausdrücklich, dass der Eigenmietwert «auch dann voll steuerbar» ist, «wenn das Grundstück zu einem tieferen Miet- oder Pachtzins einer nahe stehenden Person überlassen wird».*

Renovieren: Was darf man abziehen?

Je grösser die Umbauarbeiten sind, desto wichtiger wird die Frage, ob und in welchem Umfang sich die Kosten dafür vom steuerbaren Einkommen in Abzug bringen lassen. Als Regel gilt, dass die Kosten für den werterhaltenden Unterhalt vollumfänglich abgezogen werden können. Als Unterhalt im steuerlichen Sinn gilt also der gleichwertige Ersatz von sanierungsbedürftigen Einrichtungen. Dem gegenüber stehen Investitionen, die zu einer Wertvermehrung führen. Diese werden als nicht abzugsfähige Anlagekosten taxiert.

Werterhaltende und wertvermehrende Arbeiten

Für Liegenschaften im Privatvermögen können sowohl beim Bund als auch in den Kantonen Unterhaltskosten, Versicherungsprämien und Kosten der Verwaltung durch Dritte abgezogen werden. Demgegenüber sind Ausgaben für die Anschaffung, Herstellung oder Wertvermehrung von Vermögensgegenständen bei der Einkommenssteuer nicht abziehbar, können aber bei einem späteren Verkauf bei der Grundstückgewinnsteuer geltend gemacht werden – vorausgesetzt, die Belege sind noch vorhanden.

Bis anhin fiel auch ein Rückbau unter die nicht abzugsfähigen Investitionen. Als Rückbau gelten etwa die Demontage von Installationen sowie der Abbruch oder Abtransport und die Entsorgung von Bauabfall. Ab 2020 werden Hausbesitzer bei der Bundessteuer neu auch den Rückbau als Unterhalt abziehen dürfen. Den Kantonen ist freigestellt, ob sie diesen Abzug auch übernehmen wollen. Der Rückbauabzug ist aber nur möglich, wenn die gleiche steuerpflichtige Person innert angemessener Frist am gleichen Ort einen Ersatzneubau errichtet, den sie auf gleiche Weise wie bisher nutzt. Was die Behörden als angemessene Frist ansehen, wird sich in der Praxis noch weisen müssen – gewiss sollte es bis zum Ersatz nicht viele Jahre dauern. Nicht als Rückbau akzeptiert werden unter anderem Altlastensanierungen, Geländeverschiebungen, Rodungen und Planierungsarbeiten.

Wir haben unser Badezimmer saniert und es auch vergrössert, indem wir eine Wand versetzen liessen. Können wir das als Liegenschaftsunterhalt abziehen?

Nein, die Kosten für die Vergrösserung des Bads können Sie nicht abziehen. Die Steuerbehörden werden hellhörig, sobald eine Wand versetzt wird. Das taxieren sie als wertvermehrende Investition, die Steuerpflichtige nicht sofort absetzen dürfen. Dabei spielt es keine Rolle, ob der Gesamtwert des Hauses steigt oder nicht. Erst bei einem späteren Verkauf reduzieren solche Ausgaben den Verkaufsgewinn und somit die Grundstückgewinnsteuer – sofern Sie die Belege zu diesem Zeitpunkt noch vorweisen können. Sofort als Liegenschaftsunterhalt abziehen können Sie hingegen den Ersatz von abgenutzten Einrichtungen wie Badewanne oder Toilette.

Energiesparmassnahmen und Umweltschutz

Investitionen, die dem Energiesparen oder dem Umweltschutz dienen, sind in den meisten Fällen auch wertvermehrend. Gemeint sind Massnahmen wie eine Wärmedämmung, das Anbringen von Doppelglasfenstern oder unbeheizten Windfängen sowie Massnahmen zur rationellen Energienutzung.

Doch im Zeichen von Energiesparen und Umweltschutz gelten für solche Investitionen besondere Regelungen: Seit 2010 ist der Abzug zu 100 Prozent erlaubt. Die Kosten für Energiespar- und Umweltschutzmassnahmen können Sie also bereits im ersten Jahr vollumfänglich abziehen.

TIPP *Der Wintergarten als Energiesparmassnahme? Die Kosten für den erstmaligen Anbau eines Wintergartens sind wegen des wertvermehrenden Charakters grundsätzlich nicht abzugsfähig. Falls Sie den zuständigen Mitarbeiter bei der Steuerbehörde jedoch überzeugen können, dass es sich dabei um eine «Massnahme zur Verhinderung der Energieverluste der Gebäudehülle» handelt und der Wintergarten auch die Funktion eines unbeheizten Windfangs hat, können Sie die Kosten allenfalls trotzdem abziehen.*

Kosten denkmalpflegerischer Arbeiten

Der Abzug von Kosten denkmalpflegerischer Arbeiten – etwa für die Sanierung eines historisch wertvollen Gebäudes – ist ausdrücklich zugelassen, wenn der Steuerpflichtige diese aufgrund gesetzlicher Vorschriften im Einvernehmen mit den Behörden oder auf deren Anordnung hin vorgenommen hat. Doch nicht alle Renovationsarbeiten, die unter dem Titel Denkmalpflege ausgeführt werden, berechtigen zum Abzug. Das hängt damit zusammen, dass die Bemessung des Eigenmietwerts von Herrschaftshäusern und luxuriösen Villen auf ein Höchstmass beschränkt ist, auf den sogenannten zumutbaren Mietzins: Sonderausstattungen und spezielle Gebäudeteile werden für steuerliche Abzüge nur insoweit berücksichtigt, als eine Drittperson in vergleichbaren wirtschaftlichen Verhältnissen bereit wäre, dafür Miete zu bezahlen.

Folgerichtig ist auch der Abzug von Unterhaltskosten grundsätzlich auf Gebäudeteile beschränkt, die bei der Eigenmietwertbemessung berücksichtigt wurden. Jene, die dabei nicht einbezogen wurden – etwa der antike Gartenpavillon eines Schlosses oder der nicht bewohnbare Turm einer alten Burg –, berechtigen auch nicht zur Geltendmachung von Unterhaltskosten. Sind Renovationen an solchen Teilen nicht von den Behörden vorgeschrieben oder mit ihnen abgesprochen worden, darf man die Kosten dafür nicht abziehen.

In welcher Steuerperiode kann man die Kosten abziehen?
Renovationen ziehen sich häufig über mehr als eine Steuer- und Bemessungsperiode hin. Dann stellt sich die Frage, nach welchen Kriterien die Zuordnung zur einen oder anderen Periode erfolgt.

ERNST O. LIESS IN SEINEM EINFAMILIENHAUS in Winterthur im Jahr 2017 das Dach sanieren. Wegen schwieriger Witterungsverhältnisse wurden die Arbeiten im Herbst 2017 unterbrochen und erst im Frühjahr 2018 beendet. Weil er Verschiedenes zu beanstanden hatte, bezahlte Ernst O. die Rechnung vom 10. April 2018 nicht. Erst nachdem die Dachdeckerfirma im Februar 2019 die gerügten Mängel behoben hatte, überwies Herr O. den Rechnungsbetrag von 50 000 Franken.

In welcher Steuerperiode kann Herr O. die 50 000 Franken für die Dachsanierung abziehen, im Jahr der Ausführung (2017), im Jahr der Rechnungsstellung (2018) oder im Jahr der Bezahlung (2019)? Nach geltendem Recht ist beim Bund und in den meisten Kantonen der Zeitpunkt der Fälligkeit der Schuld und damit der Zugang der Rechnung massgebend. Da Ernst O. die Rechnung für die Dachsanierung im Jahr 2018 erhalten hat, kann er den Betrag auch nur in diesem Jahr abziehen. In einigen Kantonen werden selbst Akontozahlungen, die man vorher geleistet hat, nicht berücksichtigt. Hier zählt nur das Datum der Schlussrechnung.

TIPP *Planen Sie eine grössere Sanierung, bei der Sie die Kosten schlecht auf mehrere Jahre verteilen können? Dann dürfte es sich steuerlich lohnen, die Bauarbeiten so zu terminieren, dass die Verrechnung erst 2020 erfolgt. Denn Anfang 2020 tritt die revidierte Liegenschaftskostenverordnung in Kraft. Sie erlaubt einerseits zusätzliche Unterhaltsabzüge (Rückbaukosten, siehe Seite 114). Anderseits dürfen Eigenheimbesitzer die Unterhaltskosten neu auf bis zu drei aufeinanderfolgende Steuerperioden verteilen, wenn sie sie im ersten Jahr nicht vollständig abziehen können. Bei grossen Beträgen ermöglicht das stattliche Steuereinsparungen (siehe auch nächste Seite). Die neue Regelung gilt für die Bundessteuer. Den Kantonen ist es freigestellt, sie auch zu übernehmen.*

Abzug der effektiven Unterhaltskosten oder Pauschalabzug?

Bei Bund und Kantonen können die Steuerpflichtigen wählen, ob sie die effektiven, durch Rechnungen belegten Unterhaltskosten abziehen oder einen Pauschalabzug geltend machen wollen. In jeder Steuerperiode und für jede Liegenschaft kann man neu zwischen beiden Varianten wählen.

Die Unterhaltspauschale beträgt beim Bund sowie in den meisten Kantonen für neuere Liegenschaften 10 Prozent des Mietertrags bzw. des Eigenmietwerts; bei Liegenschaften, die älter als zehn Jahre sind, können pauschal meist 20 Prozent abgezogen werden.

TIPP *Die Pauschale für Unterhaltskosten können Sie auch dann abziehen, wenn Sie in dieser Steuerperiode keinen einzigen Franken für den Unterhalt Ihres Hauses aufgewendet haben.*

Unterhalt clever staffeln

Viele Hauseigentümer machen den Fehler, dass sie für den Unterhalt ihrer Liegenschaft jedes Jahr einen ungefähr gleich hohen Betrag aufwenden, der meist mehr oder weniger dem Pauschalabzug entspricht. Da sie aber ohnehin Anspruch auf den Pauschalabzug hätten, wirken sich solche Unterhaltsarbeiten steuerlich nicht aus.

Steuerlich günstiger ist es, während einiger Jahre soweit möglich ganz auf Unterhalt zu verzichten und anschliessend sämtliche Arbeiten in einer Steuerperiode auf einmal vorzunehmen. In den Jahren, in denen Sie keine Unterhaltskosten aufgewendet haben, können Sie den vollen Pauschalabzug beanspruchen, das heisst, je nach Kanton und Alter Ihrer Liegenschaft 10 oder 20 Prozent des Mietertrags bzw. Eigenmietwerts vom Einkommen abziehen. In der Steuerperiode, in der Sie mehrere Unterhaltsarbeiten auf einmal ausführen lassen, machen Sie dagegen statt der Pauschale die tatsächlichen Kosten geltend und kommen so in den Genuss eines deutlich höheren Abzugs.

URSULA I. BESITZT EIN EINFAMILIENHAUS IN BERN, dessen Eigenmietwert 20 000 Franken beträgt. Sie hat in den letzten zehn Jahren rund 4000 Franken jährlich für den Unterhalt aufgewendet und in der Steuererklärung abgezogen. Da das Haus älter als zehn Jahre ist, hätte Ursula I. aber auch den Pauschalabzug von 20 Prozent bzw. 4000 Franken pro Jahr geltend machen können, ohne irgendwelche Unterhaltsarbeiten vorzunehmen. Die effektiven jährlichen Unterhaltskosten nützen ihr steuerlich gar nichts. Lässt Ursula I. stattdessen alle Unterhaltsarbeiten der letzten zehn Jahre in einem einzigen Jahr ausführen, wird ihr Steuerabzug erheblich grösser. In dem Jahr, in dem die Renovationsarbeiten vorgenommen werden, kann sie 40 000 Franken als Unterhaltskosten geltend machen. In den übrigen neun Jahren hat sie neunmal das Recht auf den Pauschalabzug von 4000 Franken. Insgesamt kann Frau I. so statt 40 000 ganze 76 000 Franken zum Abzug bringen.

Der Gesamtbetrag der Unterhaltsarbeiten sollte allerdings das steuerbare Einkommen nicht übersteigen, da Unterhaltskosten steuerlich nur so weit sinnvoll sind, als sie mit positiven Einkünften verrechnet werden können. Haben Sie in einer Steuerperiode bereits so viele Abzüge, dass Ihr steuerbares Einkommen null beträgt, nützen Ihnen zusätzliche Abzüge in Form von Unterhaltskosten nichts mehr.

WOLFGANG H., DER 90 000 FRANKEN VERDIENT, hat von einer Grosstante eine alte Villa geerbt, die er mit seiner Familie bewohnen möchte. Er lässt die Liegenschaft für 300 000 Franken renovieren. Von seinem Lohn kann er Abzüge von 15 000 Franken vornehmen, hat also noch ein steuerbares Einkommen von 75 000 Franken. Davon werden nun die Renovationkosten von 300 000 Franken in Abzug gebracht. Da Verluste für Privatpersonen steuerlich nicht relevant sind, bleiben ganze 225 000 Franken, die Wolfgang H. nirgends abziehen kann.

INFO *Während Geschäftsleute und Selbständigerwerbende Verluste aus der Geschäftstätigkeit mit dem Einkommen von künftigen Jahren verrechnen können, bleibt Privatpersonen dieser Verlustvortrag verwehrt.*

Hypotheken steuergünstig zurückzahlen

Wer sein Eigenheim mit einer Hypothek finanziert hat, müsste eigentlich darauf aus sein, diese möglichst schnell zurückzuzahlen. Für die tieferen Schulden muss man der Bank entsprechend weniger Zins bezahlen.

Die böse Überraschung kommt, wenn der oder die Betreffende die Steuererklärung ausfüllt und merkt, dass mit der Tilgung von Hypothekarschulden und dem Wegfall von Schuldzinsen das steuerbare Einkommen gestiegen ist. Wer überzeugt ist, mit seinem Geld höhere Renditen erzielen zu können, sollte zumindest erwägen, auf eine vollständige Rückzahlung der Hypotheken zu verzichten.

TIPP *Berechnen Sie die steuerlichen Konsequenzen, bevor Sie die Hypothek zurückzahlen, und ermitteln Sie den Grenzwert, ab dem sich die Tilgung im Hinblick auf höhere Einkommens- und Vermögenssteuern nicht mehr lohnt. Ihr Bankberater oder Ihre Treuhänderin ist Ihnen dabei behilflich.*

Wenn Sie sich für eine Rückzahlung entschieden haben, gibt es zwei Methoden, die Hypotheken zu amortisieren:

- Die **direkte Amortisation** stellte früher den Normalfall dar. Dabei zahlt der Schuldner, die Schuldnerin die Hypothek ganz oder teilweise direkt der Bank zurück.
- Bei der **indirekten Amortisation** lässt man die Hypothek unverändert stehen und überweist die Mittel für die spätere Rückzahlung auf ein Säule-3a-Konto oder eine 3a-Police, die der Bank verpfändet wird. Beim Ablauf des Vertrags wird das Kapital zur Tilgung der Hypothekarschuld verwendet. Die jährlichen Einzahlungen in die Säule-3a-Versicherung lassen sich – bis zu den Maximalbeträgen (siehe Seite 151) – vom steuerbaren Einkommen abziehen. Die Auszahlung wird zu den üblichen Konditionen für Kapitalauszahlungen aus der Säule 3a besteuert (siehe die Tabelle «Besteuerung von Kapitalauszahlungen der 2. Säule und der Säule 3a» unter www.beobachter.ch/download). Weil während der Laufzeit des Vertrags die Hypothek unverändert bleibt, können Eigenheimbesitzer auch durchgehend gleich hohe Schuldzinsen vom steuerbaren Einkommen abziehen. Die indirekte Amortisation ist die steuergünstigere Variante.

Liegenschaft im Geschäfts- oder im Privatvermögen?

RENATA R. BESITZT EIN HAUS in einem Wintersportort. Im Erdgeschoss und im ersten Stock befindet sich ihr Sportartikelgeschäft. Den zweiten Stock bewohnt sie mit ihrer Familie. Zwei Drittel der Liegenschaft werden also geschäftlich genutzt, ein Drittel privat. Sowohl beim Bund als auch in den Kantonen gelten alle Vermögenswerte, die ganz oder überwiegend der selbständigen Erwerbstätigkeit dienen, als Geschäftsvermögen. Wird ein Haus überwiegend geschäftlich genutzt, gilt es als Geschäftsvermögen, wird es dagegen überwiegend privat genutzt, als Privatvermögen. Das Haus von Frau R. stellt also Geschäftsvermögen dar.

Wenn ein Haus zum Geschäftsvermögen gehört, ist dies sowohl mit Vorteilen als auch mit Nachteilen verbunden. Je nach persönlicher Situation wirken sich diese unterschiedlich stark aus.

- Auf Häusern im Geschäftsvermögen sind steuerliche Abschreibungen möglich (grundsätzlich nur auf dem Gebäude, nicht auf dem Land). Auf Liegenschaften im Privatvermögen dagegen werden keine Abschreibungen zugelassen.
- Selbständigerwerbende können die Verluste aus sieben vorangegangenen Geschäftsjahren vortragen, das heisst mit gegenwärtigem Einkommen bzw. Gewinn verrechnen. Befindet sich ein stark sanierungsbedürftiges Haus im Geschäftsvermögen und wird es zu einem Betrag renoviert, der das Jahreseinkommen des Steuerpflichtigen übersteigt, kann er den mit der Liegenschaft erwirtschafteten Verlust mit Einkommen zukünftiger Jahre verrechnen. Befindet sich das Haus dagegen im Privatvermögen, können Hausbesitzer die Unterhaltskosten nur in derjenigen Steuerperiode abziehen, in der sie in Rechnung gestellt wurden. Ist das Einkommen zu tief, um alle Aufwendungen abzuziehen, lässt sich der Rest nicht mit künftigen Einkommen verrechnen. Das wird sich ändern, wenn Anfang 2020 die neue Liegenschaftskostenverordnung in Kraft tritt (siehe Seite 114).
- Während Gewinne bei der Veräusserung von Liegenschaften im Privatvermögen beim Bund steuerfrei sind, muss der bei der Veräusserung eines Hauses im Geschäftsvermögen erzielte Gewinn versteuert wer-

den. Die Kantone erheben je nachdem Grundstückgewinn- oder Einkommenssteuern.

- Da der Gewinn bei der Veräusserung einer Liegenschaft im Geschäftsvermögen als «Einkommen aus selbständiger Erwerbstätigkeit» angesehen wird, werden darauf ausserdem noch die AHV-Beiträge erhoben.

Das heisst: Beim Verkauf einer Liegenschaft im Privatvermögen wird nur die Grundstückgewinnsteuer erhoben, während beim gewinnbringenden Verkauf einer Liegenschaft im Geschäftsvermögen sowohl Grundstückgewinnsteuer (oder Einkommens- bzw. Gewinnsteuer) als auch direkte Bundessteuer und AHV-Beiträge fällig werden. In der Regel ist es deshalb für Selbständigerwerbende vorteilhafter, wenn die Liegenschaft zum Privatvermögen gehört.

Spezialfragen

Nicht alle Liegenschaftenverkäufe werden steuerlich gleich behandelt. Vor allem wenn ein Haus innerhalb der Familie den Eigentümer wechselt, können für die Grundstückgewinnsteuer spezielle Regelungen gelten.

Spezialfragen stellen sich aber auch, wenn Sie eine Ferienwohnung oder andere Liegenschaften besitzen, die nicht in Ihrem Wohnsitzkanton gelegen sind.

Bevorzugt behandelte Handänderungen

An sich wird bei jedem Eigentümerwechsel einer Liegenschaft die Grundstückgewinnsteuer fällig. Besteuert wird die Differenz zwischen dem Verkaufspreis und dem seinerzeitigen Kaufpreis plus die wertvermehrenden Aufwendungen (siehe auch Seite 101). Doch bestimmte Arten von Handänderungen werden in den kantonalen Steuergesetzen bevorzugt behandelt; die wichtigsten sind die Schenkung, der Erbvorbezug, die Zwangsverwertung, die Enteignung sowie die Unternehmensumstrukturierung.

Bei solchen Handänderungen wird die Grundstückgewinnsteuer nicht erhoben – zumindest vorläufig nicht. Die Steuer wird aufgeschoben. Wird die Liegenschaft vom neuen Eigentümer später verkauft, gilt als Erwerbspreis der Betrag, der bei der letzten steuerpflichtigen Handänderung bezahlt wurde. Der Gewinn, der bis zur ersten Eigentumsübertragung aufgelaufen ist, wird also bei der nächsten Realisierung trotzdem besteuert.

HANNA A. HAT 1993 IM KANTON BERN eine Liegenschaft für 150 000 Franken erworben. 2019 übergibt sie das Haus als Erbvorbezug ihrer Tochter; es hat inzwischen einen Wert von 800 000 Franken. Zwar bezahlt Frau A. dafür keine Grundstückgewinnsteuer. Falls die Tochter jedoch das Haus einmal verkauft, wird dann die ganze Differenz zwischen dem Erwerbspreis von 1993 und dem Verkaufspreis steuerbar.

Die Besteuerung des Grundstückgewinns wird überall in der Schweiz in folgenden Fällen aufgeschoben:

- Erbgang
- Erbvorbezug
- Schenkung: Um eine Schenkung handelt es sich nur dann, wenn das Haus ohne Gegenleistung übergeben wird. Übernimmt der Beschenkte zum Beispiel die Hypothek, kann dies als «gemischte Schenkung» taxiert werden. Und dann muss er Grundstückgewinn- und Handänderungssteuer bezahlen. Was als gemischte Schenkung gilt, ist meist nur vage geregelt. Einzelne Kantone verlangen, dass der Schenkungsteil mindestens 25 Prozent des Verkehrswerts beträgt.
- Gewisse Eigentumsübertragungen unter Eheleuten
- Landumlegungen
- Verkauf eines landwirtschaftlichen Grundstücks, wenn der Erlös innert angemessener Frist zum Kauf eines anderen selbst bewirtschafteten Ersatzgrundstücks verwendet wird
- Verkauf einer selbst genutzten Wohnliegenschaft (Einfamilienhaus, Eigentumswohnung, nicht aber Mehrfamilienhaus), wenn der Erlös innert angemessener Frist zum Kauf eines anderen Eigenheims verwendet wird

Ersatzanschaffung

Was sind die Steuerfolgen, wenn Sie Ihr bisheriges Eigenheim verkaufen und ein anderes Objekt erwerben?

FAMILIE Z. WOHNT IN EINEM REIHENHAUS in Aarau. Nach der Geburt des dritten Kindes beschliesst die Familie, ein grösseres Einfamilienhaus in Oberwil zu kaufen. Beim Verkauf des alten Eigenheims erzielen Z.s zwar einen Gewinn von 100 000 Franken. Doch die Immobilienpreise sind seit dem Kauf des ersten Hauses um 30 Prozent gestiegen und auch das neue Eigenheim ist entsprechend teurer. Mit anderen Worten: Familie Z. macht gar keinen Gewinn, denn die 100 000 Franken braucht sie, um den Kaufpreis des Ersatzobjekts zu finanzieren. Wird nun auf dem «Gewinn» aus dem Verkauf des Reihenhauses tatsächlich die Grundstückgewinnsteuer fällig? Nein, Familie Z. erhält einen Steueraufschub.

Die Grundstückgewinnsteuer wird aufgeschoben, wenn ein dauernd und ausschliesslich selbst genutztes Haus oder eine Wohnung veräussert wird, sofern der dabei erzielte Erlös innert einer angemessenen Frist zum Erwerb einer ebenfalls dauernd und ausschliesslich selbst genutzten Ersatzliegenschaft in der Schweiz verwendet wird (wie lange diese Frist ist, erfahren Sie von den Steuerbehörden Ihrer Gemeinde oder Ihres Kantons).

Diese Regelung gilt auch, wenn Familie Z. ihr zweites Eigenheim in einem anderen Kanton kauft. Die Ersatzanschaffung ist – so sieht es das Steuerharmonisierungsgesetz ausdrücklich vor – auch über die Kantonsgrenze hinweg zulässig.

Eigentumswechsel unter Eheleuten

Grundsätzlich werden Rechtsgeschäfte unter Eheleuten wie Rechtsgeschäfte zwischen Drittpersonen behandelt. Überträgt also beispielsweise die Frau eine Liegenschaft auf ihren Mann, gilt dies als gewöhnliche Veräusserung, für die auch eine Grundstückgewinnsteuer fällig wird.

Von diesem Grundsatz gibt es eine Ausnahme: Die Grundstückgewinnsteuer wird aufgeschoben bei «Eigentumswechsel unter Ehegatten im Zusammenhang mit dem Güterrecht sowie zur Abgeltung ausserordentlicher Beiträge eines Ehegatten an den Unterhalt der Familie und scheidungsrechtlicher Ansprüche, sofern beide Ehegatten einverstanden sind». Diese

Regelung kommt vor allem bei Scheidungen zur Anwendung, wenn einer der Exgatten die gemeinsame Liegenschaft allein übernimmt.

Für einen solchen Steueraufschub ist immer das Einverständnis beider Eheleute notwendig. In der Regel ist dies aber auch bei einer Scheidung kein Problem. In der meist sowieso finanziell angespannten Situation sind beide Seiten an einem Aufschub interessiert. Bei der güterrechtlichen Auseinandersetzung muss jedoch berücksichtigt werden, dass derjenige Ehegatte, der die Liegenschaft übernimmt, bei einem späteren Verkauf die Grundstückgewinnsteuer wird bezahlen müssen (latente Steuer).

TIPP *Wenn Sie im Rahmen Ihrer Scheidung das Eigentum oder einen Miteigentumsanteil an einer Liegenschaft von einem auf den anderen Partner übertragen, sollten Sie das Einverständnis beider Seiten für den Aufschub der Grundstückgewinnsteuer in die Scheidungskonvention aufnehmen.*

Erbschaften und Schenkungen

Werden Liegenschaften vererbt oder verschenkt, ist nicht – wie sonst bei Steuern üblich – der Wohnsitz massgebend. Die Bemessung richtet sich stattdessen nach dem Standort der Liegenschaft. Weitere Hinweise, wie sich in diesen Fällen Steuern sparen lassen, finden Sie im Kapitel über Erbschaften und Schenkungen (siehe Seite 140).

Eigene Liegenschaften vermarkten: Vorsicht, Steuerfalle!

DIE BEIDEN BRÜDER KURT UND PHILIPP B. haben von ihrem Vater eine Baulandparzelle geerbt und erstellen darauf drei Einfamilienhäuser. Da sie vom Bauwesen nicht viel verstehen, ziehen sie einen Architekten und einen Ingenieur bei. Die fertig erstellten Häuser werden weiterverkauft. Philipp B., von Beruf Magaziner, staunt nicht schlecht, als er nach dem Verkauf einen Brief von der Steuerverwaltung erhält: Als Liegenschaftenhändler müsse er zusätzlich zur Grundstückgewinnsteuer auf dem beim Verkauf der drei Einfamilienhäuser erzielten Gewinn sowohl die direkte Bundessteuer als auch AHV-Beiträge bezahlen.

Der Magaziner als Liegenschaftenhändler – kann das sein? Tatsächlich hat das Bundesgericht in einem solchen Fall entschieden, dass auch jemand, der nicht in der Immobilienbranche tätig ist, als gewerbsmässiger Liegenschaftenhändler qualifiziert werden kann. Dabei wird argumentiert, dass er wie ein Unternehmer auftritt und sich ausserdem das Wissen des von ihm beauftragten Architekten zurechnen lassen muss. Ist der Bauherr gar selbst vom Baufach, wird noch viel eher ein gewerbsmässiger Liegenschaftenhandel bejaht. Was bedeutet dies?

Die Kantone erheben beim Verkauf einer Liegenschaft im Normalfall die Grundstückgewinnsteuer. Der Bund dagegen besteuert die beim Verkauf von Liegenschaften im Privatvermögen erzielten Gewinne nicht. Auch sind in diesem Fall keine AHV-Beiträge geschuldet. Gilt ein Bauherr jedoch als «gewerbsmässiger Liegenschaftenhändler», stellt der Gewinn aus dem Verkauf Einkommen aus selbständiger Erwerbstätigkeit dar und ist auch beim Bund steuerbar. Im Gegenzug sind Verluste abzugsberechtigt. Dabei gilt: Steuerbegründende Tatsachen sind grundsätzlich von den Steuerbehörden, steuermindernde hingegen vom Steuerpflichtigen zu beweisen.

Liegenschaften in anderen Kantonen

Das Eigentum an einer Liegenschaft in einem anderen als dem Wohnsitzkanton begründet eine sogenannte beschränkte Steuerpflicht. Die stolze Eigentümerin eines Hauses in Zermatt, die sonst das Jahr über in Zürich wohnt, ist also für ihr Ferienhaus im Kanton Wallis steuerpflichtig. In der Regel reicht es, wenn man dem Kanton, in dem sich die Liegenschaft befindet, eine Aufstellung der Einnahmen und Ausgaben einreicht und eine Kopie der Steuererklärung des Wohnsitzkantons dazulegt.

Verteilung der Schulden auf die beteiligten Kantone

Grundpfandschulden beziehen sich naturgemäss auf bestimmte Liegenschaften. Man könnte somit annehmen, dass auch die Hypotheken bei der interkantonalen Steuerausscheidung denjenigen Kantonen zugewiesen werden, in denen sich die belasteten Liegenschaften befinden. Dem ist aber nicht so. Tatsächlich werden die Schulden folgendermassen auf die verschiedenen Kantone verteilt:

- Bewegliches Vermögen wird dem Wohnsitzkanton zugewiesen.
- Unbewegliches Vermögen (Liegenschaften) wird dem Kanton zugewiesen, in dem es sich befindet.
- Schulden – und für die Einkommenssteuer die Schuldzinsen – werden proportional im Verhältnis der Aktiven auf die Kantone verteilt. Bei Liegenschaften ist der Repartitionswert massgebend. Dieser dient dazu, kantonale Unterschiede bei der Liegenschaftenbewertung auszugleichen. Der Repartitionswert wird mithilfe eines Faktors berechnet, der für jeden Kanton individuell festgelegt ist. Das Resultat ist ein schweizweit einheitlicher Vermögenssteuerwert. Das ermöglicht eine korrekte Verteilung der Schulden und Schuldzinsen auf die beteiligten Kantone.

IGNAZ D. IST EIGENTÜMER eines selbst bewohnten Einfamilienhauses in Zollikon ZH, das einen amtlichen Wert von 800 000 Franken hat, und eines alten Hauses in Gentilino TI mit

	Total	Zürich	Tessin
Einfamilienhaus Zollikon ZH (Repartitionswert: 90 % von Fr. 800 000.–)	Fr. 720 000.–	Fr. 720 000.–	
Ferienhaus Gentilino TI (Repartitionswert: 115 % von Fr. 300 000.–)	Fr. 345 000.–		Fr. 345 000.–
Total	**Fr. 1 065 000.–**	**Fr. 720 000.–**	**Fr. 345 000.–**
Prozentuales Verhältnis	100 %	67,6 %	32,4 %
Schulden	Fr. 800 000.–		
Schuldenanteile der Kantone		**Fr. 540 800.–** (67,6 % von Fr. 800 000.–)	**Fr. 259 200.–** (32,4 % von Fr. 800 000.–)

einem amtlichen Wert von 300 000 Franken. Das Einfamilienhaus in Zollikon ist mit einer Hypothek von 600 000 Franken belastet, auf dem Ferienhaus im Tessin lastet eine Grundpfandschuld von 200 000 Franken. Die Steuerausscheidung (nur Vermögen) bringt folgendes Ergebnis:

Ferienhäuser und Ferienwohnungen im Ausland

Grundstücke sind auch im Verhältnis zum Ausland nur dort steuerbar, wo sie gelegen sind. Das Gesetz über die direkte Bundessteuer schreibt ausdrücklich vor, dass Grundstücke im Ausland in der Schweiz nicht steuerbar sind. Dies gilt auch in den Kantonen. Trotzdem muss Grundbesitz im Ausland in der Steuererklärung angegeben werden, damit er sowohl beim Vermögen als auch beim Einkommen für die Bestimmung der Progression berücksichtigt werden kann.

MARTIN UND HELENE R. WOHNEN IN ZÜRICH und besitzen ein Ferienhaus in der Provence. Versteuern müssen die beiden das Ferienhaus in Frankreich. In der Zürcher Steuererklärung müssen sie das Haus aber ebenfalls angeben, damit es bei ihrem Vermögen (amtlicher Wert) und bei ihrem Einkommen (Eigenmietwert) für die Bestimmung der Progression berücksichtigt werden kann. Mit anderen Worten: Zum Einkommen der R.s von 80 000 Franken wird – lediglich zur Bestimmung des Steuersatzes – der Eigenmietwert des Ferienhauses von 10 000 Franken dazugerechnet, sodass die 80 000 Franken zum Steuersatz von 90 000 Franken besteuert werden.

TIPP *Falls Sie beabsichtigen, im Ausland eine Liegenschaft zu erwerben, erkundigen Sie sich bei einem dort ansässigen Steuer- oder Liegenschaftsexperten, welche Steuerfolgen auf Sie zukommen.*

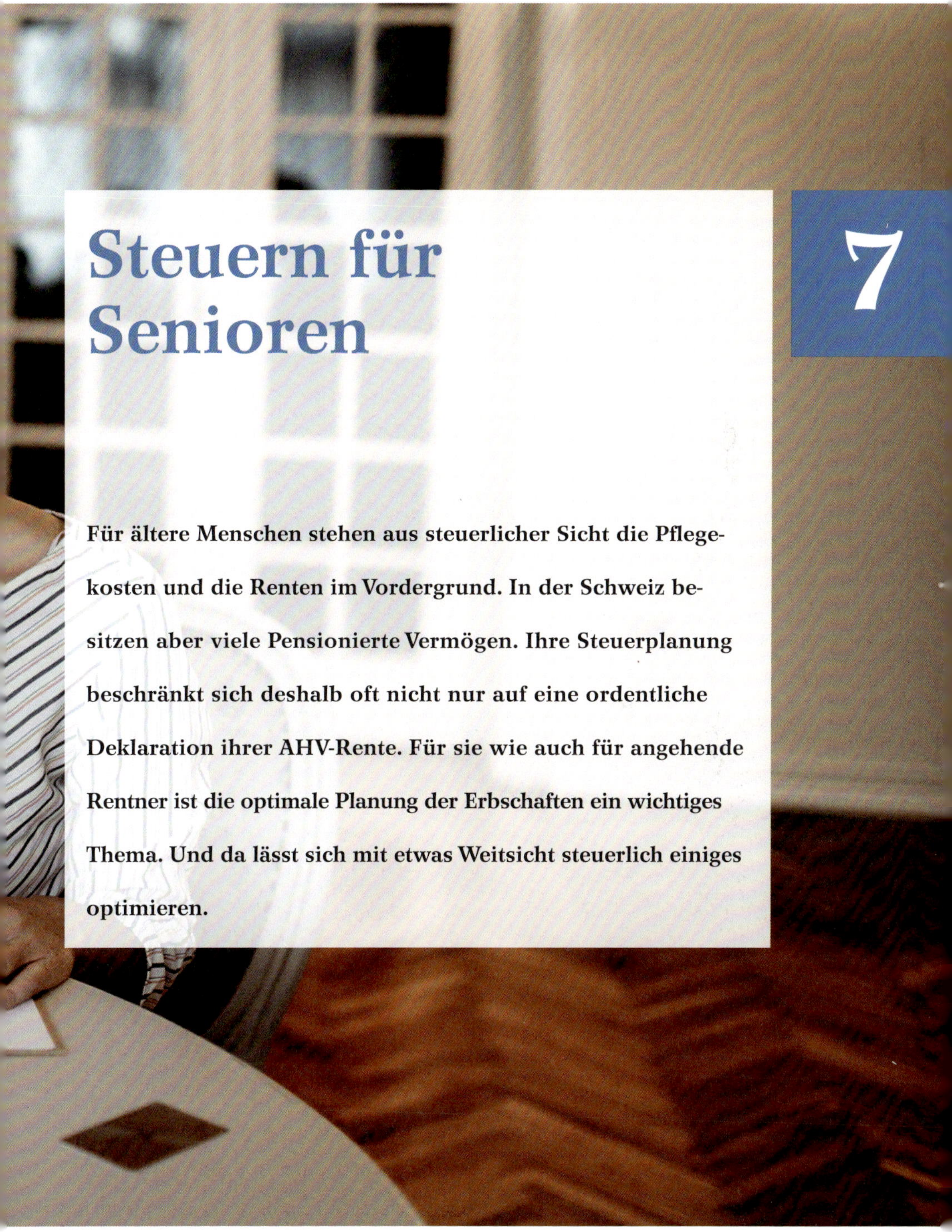

7

Steuern für Senioren

Für ältere Menschen stehen aus steuerlicher Sicht die Pflegekosten und die Renten im Vordergrund. In der Schweiz besitzen aber viele Pensionierte Vermögen. Ihre Steuerplanung beschränkt sich deshalb oft nicht nur auf eine ordentliche Deklaration ihrer AHV-Rente. Für sie wie auch für angehende Rentner ist die optimale Planung der Erbschaften ein wichtiges Thema. Und da lässt sich mit etwas Weitsicht steuerlich einiges optimieren.

Renteneinkommen sowie Ausgaben für Krankheit und Pflege

Wenn es um Steuern geht, sind für Menschen im AHV-Alter alle Arten von Renten bedeutend. Meist sind diese als Einkommen zu versteuern. Bei den Abzügen spielen die Krankheits- oder Heimkosten häufig eine wichtige Rolle.

Nicht wenige Menschen im AHV-Alter sind noch mit einem kleinen Pensum berufstätig. Auf diesem Lohn müssen sie AHV-Beiträge abliefern – es besteht aber ein Freibetrag von 1400 Franken pro Monat und Arbeitgeber, für Selbständigerwerbende von 16 800 Franken pro Jahr. Was darüber liegt, ist AHV-pflichtig, die Beiträge haben aber keinen Einfluss auf die Rente. Sie haben deshalb den Charakter einer Steuer.

Renten sind steuerpflichtig

AHV-Renten müssen zu 100 Prozent versteuert werden. Das Gleiche gilt für Renten aus der beruflichen Vorsorge oder der Säule 3a. Bei der beruflichen Vorsorge sind aber auch tiefere Sätze von 60 oder 80 Prozent möglich – sofern die Rente schon vor 2002 zu laufen begonnen hat. Genauere Informationen dazu erhalten Sie von Ihrer Pensionskasse. Auch für andere Vorsorgekonstrukte, zum Beispiel für Leibrenten, gelten tiefere Sätze (mehr dazu auf Seite 158).

Bei Rentennachzahlungen ist ebenfalls ein tieferer Satz möglich. Solche Nachzahlungen gibt es immer dann, wenn eine Rente später als im üblichen Rhythmus überwiesen wird. Recht häufig kommt das bei der IV vor, wenn eine Abklärung mehrere Monate dauert. Auch bei der AHV kommt es vereinzelt zu Nachzahlungen, etwa wenn sich jemand zu spät anmeldet. Nach gängiger Gerichtspraxis wird in solchen Situationen ein Steuersatz angepeilt, der sich nicht an der gesamten Zahlung orientiert, sondern daran, was diese als jährliche Leistung ausmachen würde. So senkt die tiefere Progressionsstufe die Steuerlast. Erhalten Sie eine solche Nachzahlung, können Sie den sogenannten Rentensatz geltend machen (siehe auch die Frage-Rubrik auf Seite 65).

Keine Steuern auf Ergänzungsleistungen

Anders verhält es sich mit Ergänzungsleistungen: Diese Zusatzzahlungen an schlecht gestellte AHV- und IV-Rentner sind steuerfrei. Zudem kennen viele Kantone besondere Abzüge für AHV-Rentner, in einigen Fällen auch für andere Menschen mit bescheidenen Einkommen. Ebenfalls müssen nicht versteuert werden: Hilflosenentschädigungen der AHV, IV oder Unfallversicherung, Genugtuungsleistungen der Unfall- oder Militärversicherung sowie schliesslich die Sozialhilfeleistungen.

Eine Zusammenstellung finden Sie in der Tabelle «Abzüge für AHV-Rentner und Steuerpflichtige mit bescheidenem Einkommen unter www.beobachter.ch/download.

Ich bin AHV-Rentnerin und erhalte auch aus Deutschland eine kleine Rente von 200 Euro pro Monat. Muss ich das versteuern?

Diese Rente ist, wie grundsätzlich alle Renten, in der Schweiz als Einkommen zu versteuern. Das Besteuerungsrecht der Schweiz wird durch Doppelbesteuerungsabkommen, die die Schweiz mit dem jeweiligen Quellenstaat abgeschlossen hat, teilweise eingeschränkt. Ausnahmen gibt es für Rentner, die bei Staatsbetrieben oder für die öffentliche Verwaltung gearbeitet haben. Ihre Renten können gemäss den meisten Doppelbesteuerungsabkommen ausschliesslich durch den Quellenstaat besteuert werden. Dann ist der Betrag in der Schweiz nicht mehr steuerbar. Trotzdem sollten Sie ihn als nicht steuerbares Einkommen deklarieren.

Krankheits-, Unfall- und Heimkosten

Wer krank ist oder einen Unfall erlitten hat, kann die Auslagen dafür – in der Regel nach Abzug eines prozentualen Selbstbehalts – in der Steuererklärung abziehen (siehe Seite 57). Dasselbe gilt für die Zahnarztrechnung und die Kosten eines Heimaufenthalts. Zu den abzugsberechtigten Auslagen gehören sowohl Arzt- und Spitalbehandlungskosten als auch Medikamentenkosten, die Auslagen für zusätzlichen Pflegeaufwand oder die Kosten für Hilfsmittel, vom invalidengerechten Auto über den Rollstuhl bis zum Hörgerät. Das betrifft allerdings nur den Teil der Ausgaben, der nicht von einer Versicherung gedeckt ist. Zudem bemisst sich der Höchstabzug im Verhältnis zum Einkommen. Bei der direkten Bundessteuer und in fast allen Kantonen wird ein Selbstbehalt von fünf Prozent des Reineinkommens berechnet (Baselland lässt den Abzug der vollen Krankheitskosten zu). Und natürlich muss, wer solche Kosten abziehen will, diese gegenüber dem Steueramt belegen.

Kosten für Luxusbehandlungen und alles, was nicht direkt mit der Krankheit oder den Folgen des Unfalls zusammenhängt, können nicht abgezogen werden.

VIOLA G. BRAUCHT EINE NEUE BRILLE. Die Designerbrille, die ihr am besten gefällt, kostet doppelt so viel wie ein normales Modell. In der Steuererklärung sind nur die Kosten für das normale Modell anrechenbar. Möchte Frau G. die Designerbrille haben, kann sie den Mehrpreis nicht abziehen.

Erbschaften richtig planen

Das Wichtigste zum Thema Erbschaftssteuer: Sie ist nicht in dem Kanton geschuldet, in dem man sonst Steuern zahlt. Vielmehr wird sie vom Kanton – und allenfalls von der Gemeinde – erhoben, in dem der oder die Verstorbene Wohnsitz hatte. Das geht häufig vergessen. Auch wird die Höhe der Erbschaftssteuer generell überschätzt.

Viele Rentnerinnen und Rentner müssen ihren Lebensunterhalt mit einem geringen Einkommen bestreiten. Doch in der Schweiz gibt es auch etliche ältere Menschen mit stattlichem Vermögen. Gemäss der 2017 veröffentlichten Studie von Natixis Global Asset Management belegt die Schweiz

STEUERPFLICHT IM TODESFALL

Es ist eigentlich selbstverständlich, aber formal nicht ganz unbedeutend: Mit dem Tag, an dem jemand stirbt, endet seine Steuerpflicht. Für die Hinterbliebenen heisst dies, dass sie den Tod den Behörden melden und eine Steuererklärung für die verstorbene Person ausfüllen müssen. Die Steuerbehörden nehmen das sehr genau und überprüfen, ob die Auflistung der Vermögenswerte korrekt ist. Zu diesem Zweck erstellen sie ein Nachlass- oder Steuerinventar.

Die Steuererklärung erfasst das Einkommen der verstorbenen Person vom 1. Januar des betreffenden Jahres bis zum Todestag sowie das Vermögen an diesem Tag. Das Steueramt rechnet die Angaben auf ein Jahr um, um den Steuersatz zu bestimmen, und verlangt dann den für die Zeit bis zum Todestag geschuldeten Betrag. Hat die verstorbene Person bereits im Voraus Steuern bezahlt, wird ein allfälliger Überschuss zurückerstattet.

Für Ehepaare wird das Ganze etwas aufwendiger: Die überlebende Seite muss im Jahr des Todesfalls zwei Steuererklärungen ausfüllen; die eine für die Zeit bis zum Todestag für das gemeinsame Einkommen und Vermögen, die zweite für die restliche Zeit bis Ende Jahr. ■

bezüglich finanzieller Absicherung und Lebensqualität der Rentner mit dem zweiten Rang einen Spitzenplatz. In der gross angelegten Untersuchung werden Kriterien wie Vermögen und soziale Absicherung von Pensionierten in 150 Staaten verglichen und in einem Index zusammengefasst.

Weil Senioren in der Schweiz über vergleichsweise hohe Vermögen verfügen, ergeben sich für sie weitere steuerliche Fragen, etwa zu Liegenschaften (siehe Seite 99) oder zu Kapitalanlagen (siehe Seite 160). Und früher oder später stellt sich ihnen auch die Frage, wie sie ihr Vermögen vererben wollen.

Grosse Summe, wenig Steuerertrag

Obwohl über jede Steuer diskutiert werden kann, so ist doch die Erbschaftssteuer eine der umstrittensten. Für die Befürworter ist sie diejenige Steuer, die am wenigsten schmerzt, denn Erben haben – anders als bei der Einkommenssteuer – für das Geld ja nicht selbst gearbeitet. Die Gegner argumentieren, dass der Betrag bereits vom Erblasser als Einkommen und als Vermögen versteuert worden sei.

Auf den ersten Blick geht es bei der Erbschaftssteuer um eine ganz schöne Summe. Da Erbschaften nicht systematisch erhoben werden, ist die Datenlage zwar unklar. Doch gemäss einer 2015 veröffentlichten Untersuchung der Universitäten Lausanne und Zürich wurden jährlich 61 Milliarden Franken vererbt. Davon fliesst allerdings nur ein kleiner Teil an die Steuerbehörden – die Erbschafts- und Schenkungssteuern machen bloss einen geringen Anteil der öffentlichen Einnahmen aus: Von den Steuereinnahmen von Bund, Kanton und Gemeinden stammen weniger als ein Prozent aus dieser Quelle.

Tatsache ist weiter, dass die Erbschaftssteuer – ganz im Gegensatz zu vielen anderen Steuern – nur einen kleinen Teil der Bevölkerung betrifft. Im Kanton Zürich beispielsweise war, schon bevor 1999 die Erbschaftssteuer für die nächsten Verwandten abgeschafft wurde, nur gerade jede vierte Erbschaft überhaupt besteuert worden.

Dennoch wurden die Regelungen für die Erbschaftssteuer und die Ansätze in den letzten Jahren schweizweit gemildert. Heute besteuern die meisten Kantone Erbschaften unter Eheleuten nicht mehr oder gewähren einen Freibetrag, sodass erst bei grösseren Summen Steuern fällig werden. Ähnlich sind die Regelungen für die direkten Nachkommen, also die Kinder. Die meisten Erbschaften gehen deshalb heute ohne Steuern über die Bühne. Die einzigen Kantone jedoch, die gar keine Erbschaftssteuer kennen – also auch keine für nicht verwandte Personen –, sind Schwyz und Obwalden. Wobei Obwalden diese Steuer erst Anfang 2017 abgeschafft hat, um für vermögende Steuerzahler attraktiver zu werden.

Eine kantonale Steuer

Mit Ausnahme von Schwyz und Obwalden erheben alle Kantone Erbschaftssteuern. Dem Bund ist dies per Bundesverfassung verboten. In den Kantonen Freiburg, Graubünden, Luzern und Waadt sind auch die Gemeinden berechtigt, Erbschaftssteuern zu erheben. Die Kantone Graubünden und Solothurn kennen zusätzlich eine Nachlasssteuer. Der Unterschied: Die Erbschaftssteuer wird auf den einzelnen Erbanteilen berechnet, die Nachlasssteuer auf dem gesamten Nachlass der verstorbenen Person.

INFOS *Für die Erbschafts- und Nachlasssteuer ist derjenige Kanton zuständig, in dem die verstorbene Person zuletzt gelebt hat; dessen Regeln bestimmen den Tarif und die Höhe der Steuer.*

VORSICHT BEI SCHULDEN UND SCHWARZGELD

Wer seine Erben nicht über Schulden oder unversteuertes Geld informiert, tut ihnen keinen Gefallen. Denn wer eine Erbschaft antritt, muss nicht nur die Vermögenswerte, sondern auch allfällige Schulden übernehmen. Offen bleibt den Erben ein letzter Ausweg: Ist ein Erbe überschuldet, hat man die Möglichkeit, es auszuschlagen. Schulden sind aber nicht in jedem Fall ein Grund, das Erbe auszuschlagen: Sie können vom vererbten Vermögen abgezogen werden und reduzieren so eine allfällige Steuerrechnung.

Hinterzogene Steuern für Schwarzgeld nehmen die Behörden als Nachforderung in die Steuerrechnung an die Erben auf. Diesen bleibt nichts anderes übrig, als zu bezahlen (siehe auch Seite 172). Hingegen brauchen die Erben nicht zu befürchten, dass sie auch Bussen für strafbare Tatbestände (Steuerbetrug) der verstorbenen Person bezahlen müssen.

Wenn also jemand im Kanton Schwyz stirbt und seine Angehörigen im Kanton Bern leben, bezahlen diese keine Steuern; umgekehrt aber womöglich schon.

Einen Sonderfall stellen Liegenschaften dar: Erbschafts- und Schenkungssteuern werden dort erhoben und berechnet, wo die Liegenschaft ist, also weder am Wohnort der verstorbenen Person noch etwa der Erbinnen und Erben.

Die kantonalen Regelungen für Verheiratete, Nachkommen, Konkubinatspartner und andere nicht verwandte Personen sowie eine Übersicht über die Steuerbelastungen finden Sie in den Tabellen «Erbschaftssteuer in den Kantonen» und «Erbschaftssteuer für ein Erbe von 500 000 Franken» unter www.beobachter.ch/download.

Schenkungen und Erbvorbezug

Schenkungssteuern sind mit den Erbschaftssteuern vergleichbar, denn in beiden Fällen geht Vermögen von einer Person an eine andere über – meist an eine verwandte oder sonst nahestehende Person. Häufig ist auch der

Erbvorbezug: Viele ältere Leute geben einen Teil ihres Vermögens bereits zu Lebzeiten an die Nachkommen weiter, da sie selbst finanziell gut gestellt sind, ihre Kinder aber erst am Anfang des Berufslebens und des Vermögensaufbaus stehen.

Aus diesen Gründen sind die Schenkungs- und Erbschaftssteuern in den meisten Kantonen gleich oder zumindest ähnlich ausgestaltet, was die Höhe, also den Tarif, und die Anwendung betrifft. Auch Schenkungen unter Eheleuten und gegenüber direkten Nachkommen sind deshalb in vielen Kantonen steuerfrei.

INFO *Eine Schenkung muss nicht unbedingt in einem Geldbetrag bestehen. Kauft zum Beispiel jemand von den Eltern für 400 000 Franken ein Haus, das auf dem freien Markt 600 000 wert wäre, gilt die Differenz von 200 000 Franken als Schenkung.*

Aufgepasst beim Erbvorbezug

Die Schenkungssteuern sind nicht das Einzige, was bei einem Erbvorbezug zu beachten ist. Erbvorbezüge werden bei der Erbteilung zum Nachlass hinzugerechnet, ausser der Erblasser hätte schriftlich etwas anderes verfügt. Sie müssen also mit den anderen Nachkommen geteilt werden.

HUGO S. IST WITWER; er hat einen Sohn und zwei Töchter. Mit 65 beschliesst er, sich aus seinem Gewerbebetrieb zurückzuziehen, und übergibt diesen an den Sohn René. Um dem Nachfolger den Start zu erleichtern, verkauft er ihm die Geschäftsliegenschaft zur Hälfte des Marktwerts von 800 000 Franken. Den Rest des Werts deklariert er als Erbvorbezug. Ein halbes Jahr später stirbt Hugo S.

Bei der Erbteilung wird festgestellt, dass der Vater ausser dem Hausrat und den persönlichen Gegenständen über keine weiteren nennenswerten Vermögenswerte verfügt; sein Erbe beträgt also etwas mehr als die durch den Liegenschaftenverkauf eingenommenen 400 000 Franken.

Die drei Kinder sind gemäss Erbrecht zu gleichen Teilen erbberechtigt; da René aber kurz vor dem Tod des Vaters durch den günstigen Kauf quasi ein Geschenk – oder eben einen Erbvorbezug – von 400 000 Franken bekommen hat, wäre er gegenüber seinen Schwestern deutlich bevorteilt. Diese können je ihren Drittel von den gesamten 800 000 Franken einfordern. Können sich die drei Nachkommen nicht einigen, muss der Bruder seine Schwestern auszahlen, was im schlimmsten Fall bedeutet, dass er den Betrieb oder die Liegenschaft verkaufen muss.

Um solche Fälle zu vermeiden, sollte man schon zu Lebzeiten der Eltern die nötigen Regelungen treffen, die auch die anfallenden Erbschafts- und Schenkungssteuern berücksichtigen.

Steuern sparen auf Erbschaften

Bei Erbschaften lässt sich der Zeitpunkt nicht planen, die Höhe des Vermögens ist kaum beeinflussbar und zudem meiden viele Menschen das Thema aus emotionalen Gründen. Doch mit weitsichtiger Planung sind Optimierungen möglich.

Die wirksamste Sparmöglichkeit wäre wie bei den übrigen persönlichen Steuern der Umzug – derjenigen Person, die etwas zu vererben hat – in einen anderen Kanton, vorzugsweise in die erbschaftssteuerfreien Kantone Schwyz und Obwalden. Das ist allerdings aus praktischen Gründen für die wenigsten eine echte Möglichkeit.

Rechtzeitig weitergeben

Realistisch und in vielen Fällen sicher auch sinnvoll ist es hingegen, einen Teil des Vermögens bereits zu Lebzeiten und – unter Berücksichtigung der kantonalen Zusammenrechnungsfristen – früh genug an die künftigen Erbinnen und Erben weiterzugeben. Voraussetzung ist natürlich, dass die Schenkenden finanziell so gut gestellt sind, dass sie es sich leisten können, auf einen Teil ihres Vermögens zu verzichten.

Konkret gibt es verschiedene Möglichkeiten, mit frühzeitigem Verschenken Steuern zu sparen. Entscheidend ist in jedem Fall die Gesamtrechnung; alle Beteiligten – etwa Eltern und Nachkommen – müssen gemeinsam eine Finanz- und Steuerplanung über längere Zeit und unter Berücksichtigung der unterschiedlichen Varianten erstellen oder erstellen lassen. Und natürlich ist die Einsicht nötig, dass es sich lohnt, über zehn oder sogar mehr Jahre hinaus zu denken. Ein paar Punkte dazu:

- **Progression umgehen**
  Ganz allgemein gilt, dass die gesamte Steuerbelastung wegen der tieferen Progression sinkt, wenn ein grosses Vermögen durch frühzeitiges Weitergeben auf zwei kleinere aufgeteilt wird. Wie weit das möglich ist, hängt von der kantonalen Gesetzgebung ab. Vielerorts werden jedoch frühere Schenkungen und Erbschaften für die Steuerberechnung addiert – abhängig von der Zeit, die seit der Schenkung verstrichen ist. Im Kanton Bern zum Beispiel werden Schenkungen und Erbschaften nicht zusammengerechnet, wenn dazwischen mehr als fünf Jahre liegen. Dann zahlen die Erben weniger Steuern.
- **Wertzuwachs ist steuerfrei**
  Wenn Vermögensbestandteile, die an Wert gewinnen, früher weitergegeben werden, spart man Steuern. Beispiel: Ein kinderloses Ehepaar zieht nach der Pensionierung in eine kleinere Wohnung und gibt das Einfamilienhaus an den Neffen weiter. In den nächsten zehn Jahren gewinnt die Liegenschaft 20 Prozent an Wert. Würde der Neffe das Haus erst in diesem Zeitpunkt geschenkt erhalten, müsste er für den Wertzuwachs wegen der Progression über zwanzig Prozent mehr Steuern zahlen. Dasselbe gilt für alle anderen Vermögenswerte, die an Wert gewinnen – vom Aktienpaket über Grundstücke bis zu Sammlungen. Ausserdem zahlt das Ehepaar dank der frühzeitigen Weitergabe weniger Vermögenssteuern.
- **Renditeobjekte an steuergünstigen Standorten kaufen**
  Wenn Sie ein Haus kaufen, das Sie nicht selbst bewohnen wollen, sollten Sie dies in einem Kanton mit tiefen Erbschaftssteuern tun. Denn Liegenschaften werden in ihrem Standortkanton besteuert, und das kann für die Erben einen grossen Unterschied bedeuten. Besonders interessant ist dies für vermögende Konkubinatspaare, die sich gegenseitig als Erben eingesetzt haben: Ist ihr Geld statt auf dem Bankkonto in einer Liegenschaft in den Kanton Schwyz oder Obwalden angelegt, haben sie Gewähr, dass beim Tod der einen Seite die andere das ganze Erbe steuerfrei bekommt. Den ganzen Nachlass kann man dem Partner,

der Partnerin natürlich nur vermachen, wenn keine anderen Angehörigen darauf Anspruch erheben. Die Pflichtteile – zum Beispiel von Nachkommen aus einer früheren Ehe – dürfen nicht verletzt werden.

- **Liegenschaft gegen Darlehen kann günstig sein**
  Wird eine Liegenschaft vererbt oder vorzeitig verschenkt, ist die Steuer in jedem Fall am Ort dieser Liegenschaft fällig. Wenn ein Haus oder eine Wohnung aber zu Lebzeiten weitergegeben werden soll, besteht auch die Möglichkeit, anstelle der Liegenschaft ein Darlehen zu ihrem Kauf zu schenken. Das Darlehen muss anders als die Liegenschaft am Wohnsitz des Empfängers versteuert werden; das kann je nach Steuersituation günstiger sein.
- **Wohnrecht vermindert den Wert**
  Lukrativ kann die Überlassung einer Liegenschaft gegen ein Wohnrecht sein. Interessant ist dieses Sparmodell für nicht verwandte Personen: Ein Mann schenkt seiner jüngeren Partnerin eine Liegenschaft, und die Partnerin gewährt ihm das lebenslange Wohnrecht. Dann wird berechnet, wie lange gemäss statistischer Lebenserwartung der Mann noch in diesem Haus leben wird, und daraus der Wert des Wohnrechts kalkuliert. Dieser wird vom Wert der Liegenschaft abgezogen. Je jünger die schenkende Person, desto höher der Wert des Wohnrechts und desto grösser die Steuerersparnis.

Wohnrecht oder Nutzniessung – was ist besser?

Werden Liegenschaften zu Lebzeiten innerhalb der Familie weitergegeben, können sich die Eltern ein Wohnrecht oder eine Nutzniessung ausbedingen. Hier die Unterschiede:

- Das **Wohnrecht** gibt der berechtigten Person bloss das Recht, im Haus zu wohnen; vermieten darf sie es nicht. Beim unentgeltlichen Wohnrecht zahlen die Eigentümer die Vermögenssteuern und Schuldzinsen. Die Bewohner hingegen müssen den Eigenmietwert als Einkommen versteuern, können dafür aber die Unterhaltskosten vom steuerbaren Einkommen abziehen.
- **Nutzniesser** hingegen können eine Liegenschaft im wahrsten Sinn des Wortes nutzen und dürfen sie auch vermieten. Sie müssen für sämtliche Kosten aufkommen, also auch für die Schuldzinsen und Vermögenssteuern. Die Eigentümer müssen die Liegenschaft erst nach Ablauf der Nutzniessung versteuern.

Im Grundsatz gilt: Vermögende Eltern sollten die Nutzniessung wählen. Damit werden die Kinder von den Kosten entlastet. Müssen die Eltern dagegen mit bescheidenen Renten auskommen, ist das Wohnrecht zumindest aus steuerlicher Sicht vorzuziehen. Möglich wäre auch, ein entgeltliches statt unentgeltliches Wohnrecht einzuräumen. Dann müssten die Eltern keinen Eigenmietwert versteuern, da sie ja einen Mietzins bezahlen. Im Gegenzug würden bei den Kindern die Mieteinnahmen als Einkommen besteuert.

Ich möchte das Haus, in dem ich wohne, meinem Sohn schenken. Ich will aber vorläufig noch nicht ausziehen. Was ist aus steuerlicher Sicht besser: ein Wohnrecht oder eine Nutzniessung?

Bei der Nutzniessung behalten Sie das volle Nutzungsrecht über die Liegenschaft, dafür versteuern Sie den Eigenmietwert als Einkommen und den amtlichen Wert als Vermögen, wie wenn Sie noch Eigentümer wären. Wenn Sie später ausziehen – zum Beispiel ins Altersheim wechseln –, haben Sie weiterhin Anrecht auf den Mietertrag.

Beim Wohnrecht dürfen Sie die Liegenschaft oder Teile davon bewohnen, aber nicht vermieten. Wenn Sie ausziehen und die Liegenschaft vermietet wird, erhalten Sie nichts von den Erträgen. Solange Sie das Haus bewohnen, versteuern Sie den Eigenmietwert als Einkommen. Ihr Sohn muss die Liegenschaft als Vermögen versteuern – und zwar den amtlichen Wert abzüglich eines Betrags für das Wohnrecht, der sich nach Ihrer Lebenserwartung bemisst. Je älter Sie werden, desto geringer fällt der Abzug aus.

Kantonale Vielfalt bei Liegenschaften

Bei den Erbschafts- und Schenkungssteuern auf Liegenschaften bleibt die kantonale Vielfalt erhalten. Grundsätzlich ist der Kanton am letzten Wohnsitz des Erblassers bzw. am Wohnsitz des Schenkers für diese Steuern zuständig. Bei Liegenschaften dagegen ist der Kanton zuständig, in dem die Liegenschaft gelegen ist.

RICHARD F. IST AM 20. SEPTEMBER GESTORBEN. Er hatte seinen Wohnsitz im Kanton Zürich. Sein Nachlass besteht aus Wertschriften von rund 300 000 Franken sowie einem Ferienhaus im Tessin im Wert von 600 000 Franken. Sein Neffe Alexander, wohnhaft in Glarus, ist einziger Erbe. Für das Wertschriftenportefeuille, das sogenannte bewegliche Vermögen, bezahlt er die Erbschaftssteuer im Kanton Zürich, dem Kanton des letzten Wohnsitzes seines verstorbenen Onkels. Für das Ferienhaus bezahlt er dagegen die Erbschaftssteuer im Kanton, in dem sich die Liegenschaft befindet, also im Tessin.

Steuerpflichtig sind in allen Kantonen bei der Erbschaftssteuer die Erben und bei der Schenkungssteuer die Beschenkten. Bestimmte Gruppen von Begünstigten, die zum Erblasser oder Schenker in einem nahen Verwandtschaftsverhältnis stehen, sind aber von der Steuerpflicht befreit. Hinterbliebene Ehepartner und Nachkommen müssen in fast allen Kantonen keine Erbschaftssteuern zahlen (siehe die Tabelle «Erbschaftssteuer für ein Erbe von 500 000 Franken» unter www.beobachter.ch/download).

TIPP *Da Liegenschaften von demjenigen Kanton besteuert werden, in dem sie gelegen sind, lässt sich mit der Standortwahl die Erbschaftssteuer vermeiden. Wollen Sie ein Haus nicht selbst bewohnen, sondern als Kapitalanlage kaufen, wählen Sie sinnvollerweise einen Kanton, der Nachkommen und/oder hinterbliebene Ehepartner von der Erbschaftssteuer befreit – je nachdem, wer das Erbe voraussichtlich einmal antreten wird. Wollen Sie einer nicht verwandten Person, etwa Ihrer Lebenspartnerin, Vermögenswerte ohne Belastung durch die Erbschaftssteuer zukommen lassen, erwerben Sie ein Haus im Kanton Schwyz, Obwalden oder in einem anderen Kanton, der Lebenspartner von der Erbschaftssteuer befreit, und setzen die Partnerin als Erbin ein – immer vorausgesetzt, Sie verletzen dadurch keine erbrechtlichen Pflichtteile.*

Steuerbemessung und Bewertung von Grundstücken

Bei der Erbschaftssteuer werden die Vermögensübergänge im Zeitpunkt des Todes des Erblassers bewertet; bei der Schenkungssteuer ist der Vollzug der Schenkung massgebend. Für die Bewertung von Grundstücken wird in den meisten Kantonen auf den Verkehrswert abgestellt.

Lebensversicherungen sind steuerbegünstigt

Der Abschluss einer Lebensversicherung – die auch als Todesfallrisikoversicherung bezeichnet wird – kann zwei Komponenten haben. Reine Risikoversicherungen decken das Todesfallrisiko der versicherten Person und zahlen bei ihrem Ableben während der Vertragsdauer eine Rente oder ein Todesfallkapital, etwa an die überlebende Ehefrau oder den Lebenspartner. Gemischte Lebensversicherungen enthalten zum Risikoschutz noch einen Sparteil: Mit einem zusätzlichen Prämienanteil wird ein Erlebensfallkapital angespart, das die versicherte Person ausgezahlt bekommt, wenn sie das Ende der Laufzeit des Versicherungsvertrags erlebt.

Mehr zu den verschiedenen Arten von Lebensversicherungen erfahren Sie auf Seite 155; an dieser Stelle geht es um die Frage, wie Auszahlungen aus Lebensversicherungen an Hinterbliebene besteuert werden:

- Renten aus reinen Risikoversicherungen sind erbschaftssteuerfrei, da sie keinen eigentlichen Vermögenswert darstellen (hingegen müssen sie natürlich bei der Einkommenssteuer angegeben werden).
- Kapitalleistungen aus Todesfallrisiko- und gemischten Lebensversicherungen, die im Rahmen der Säule 3a abgeschlossen wurden, werden bei der Auszahlung zu einem reduzierten Satz als Einkommen besteuert. Der Erbschaftssteuer unterliegen diese Versicherungszahlungen nicht. Deshalb eignen sich 3a-Lebensversicherungen für die Absicherung beispielsweise einer Konkubinatspartnerin: Würde sie einen gleich hohen Betrag von ihrem Partner erben, müsste sie dafür als nicht verwandte Person in vielen Kantonen hohe Erbschaftssteuern bezahlen. Mit der Besteuerung als 3a-Kapitalleistung kommt sie besser weg.

SÄULE 3A ALS SONDERFALL

Bei Guthaben der Säule 3a ist gesetzlich geregelt, wer nach Ihrem Tod begünstigt ist. An die erste Stelle ist der hinterbliebene Ehegatte gesetzt; an zweiter Stelle stehen die Kinder und der Konkubinatspartner, sofern Sie die letzten fünf Jahre zusammengewohnt haben.

Ob Sie Ihre Kinder oder den Konkubinatspartner begünstigen wollen, können Sie selber bestimmen. Allerdings müssen Sie dabei die Pflichtteile beachten: Guthaben auf 3a-Konten fallen vollständig in den Nachlass, bei 3a-Versicherungspolicen wird der Rückkaufswert hinzugerechnet.

- Bei Kapitalleistungen aus gemischten Lebens- bzw. Todesfallrisikoversicherungen, die in der Säule 3b (also der freien Vorsorge) abgeschlossen wurden, wird zwischen dem Risiko- und dem Sparteil unterschieden: Der Risikoteil wird zum gleichen Satz besteuert wie Auszahlungen aus der Säule 3a, der Sparteil unterliegt der normalen Erbschaftssteuer.

TIPP *Wenn Sie im Konkubinat leben, können Sie eine Todesfallrisikoversicherung oder eine 3a-Police abschliessen und Ihre Partnerin, Ihren Partner als begünstigte Person einsetzen. So wird sie oder er einst weniger Steuern bezahlen müssen. Denn die Steuern auf der Auszahlung einer Versicherungsksumme sind in den meisten Kantonen tiefer als die Erbschaftssteuern für Konkubinatspartner.*

Das Erbrecht umgehen?

Das Erbrecht ist eine Art Schlechtwettergesetz. Das heisst, es enthält Regelungen, die in Streitfällen gerichtlich durchgesetzt werden können, und es regelt vor allem diejenigen Fälle, für die keine anderslautenden Vereinbarungen bestehen. Gesetzliche Erb- und Pflichtteile lassen sich aber völlig problemlos und legal umgehen, wenn alle Beteiligten einverstanden sind. So können Sie zusammen mit Ihren Eltern, Nachkommen und Geschwistern in Ehe- oder Erbverträgen oder mittels Erbverzichtserklärungen Schenkungen, Begünstigungen und andere Ungleichbehandlungen vereinbaren, die den Regeln des Erbrechts völlig zuwiderlaufen.

BUCHTIPP
Wie Sie Ihren Nachlass fair regeln und späteren Erbenstreit verhindern, zeigt dieser Beobachter-Ratgeber: **Testament, Erbschaft. Wie Sie klare und faire Verhältnisse schaffen.**
www.beobachter.ch/buchshop

Für die steuerlichen Vorschriften jedoch gilt dies natürlich nicht. Wenn also ein vermögendes Ehepaar beschliesst, sein ganzes Hab und Gut der mittellosen Tochter zukommen und den ebenfalls vermögenden Sohn leer ausgehen zu lassen, können dies die Beteiligten problemlos untereinander regeln, auch wenn der Pflichtteil des Sohnes damit verletzt wird. Die Erbschaftssteuer auf der ausgezahlten Summe aber wird genau gleich fällig, wie wenn das Vermögen auf beide Erben aufgeteilt würde. Wer keine Steuern bezahlen will, muss das Erbe fristgerecht ausschlagen.

8

Altersvorsorge und Geldanlagen

«Der Bund fördert in Zusammenarbeit mit den Kantonen die Selbstvorsorge namentlich durch Massnahmen der Steuer- und Eigentumspolitik.» So steht es in der Bundesverfassung geschrieben. Die Folge davon sind steuerbegünstigte Anlagen und Versicherungsprodukte. Doch eine Versicherung abzuschliessen, bloss um damit Steuern zu sparen, ist keine gute Idee. Auch andere Geldanlagen sollten Sie nicht allein nach steuerlichen Kriterien tätigen – die Gesamtrendite ist hier wichtiger.

Mit der Altersvorsorge Steuern sparen

Wann immer das Thema Steuernsparen zur Sprache kommt, ist bald einmal die Rede von der Vorsorge für Alter, Invalidität und Tod. Denn diese wird steuerlich stark begünstigt, und zwar in allen Phasen, von der Einzahlung über die Vermögensbildung (Zinszahlungen auf Einlagen) und das Vermögen bis zur Auszahlung.

Mit der 2. und der 3. Säule können Lohnempfänger durchaus Steuern sparen – dies allerdings mit unterschiedlichem Effekt. Die folgenden Abschnitte geben einen Überblick über die verschiedenen Möglichkeiten und zeigen, was dabei zu berücksichtigen ist.

Die drei Säulen des schweizerischen Vorsorgesystems

Die Altersvorsorge in der Schweiz beruht auf drei unterschiedlichen Säulen, die Finanzierung erfolgt auf zwei grundsätzlich verschiedene Arten:

- Die **AHV** wird mit dem Umlageverfahren finanziert, bei dem die eingezahlten Beiträge der arbeitenden Bevölkerung laufend für die Renten der Pensionierten verwendet – eben umgelegt – werden.
- Die Leistungen der **beruflichen Vorsorge,** der 2. Säule, werden mit dem Kapitaldeckungsverfahren finanziert: Die Beschäftigten sparen während ihrer Erwerbstätigkeit ein Kapital an, das sie im Alter wieder verbrauchen können.
- Die Finanzierung der 3. Säule, der **freiwilligen Vorsorge,** läuft prinzipiell gleich wie bei der 2. Säule: Was Sie fürs Alter zur Seite legen, kommt Ihnen nach der Pensionierung zugute.

Die AHV/IV wird hier nicht weiter behandelt, da sie obligatorisch ist und auch die Höhe der Beiträge nicht beeinflusst werden kann. Deshalb nur der Hinweis, dass die eingezahlten Beiträge vom steuerbaren Einkommen

DAS VORSORGESYSTEM IM ÜBERBLICK

	1. Säule	2. Säule	3. Säule	
			Säule 3a	Säule 3b
Bezeichnung	AHV/IV, staatliche Vorsorge	Pensionskasse, berufliche Vorsorge	Gebundene Selbstvorsorge	Freie Vorsorge
Zweck	Sicherung des Existenzminimums	Sicherung des gewohnten Lebensstandards	Abdeckung von Vorsorgelücken, zusätzliche Vorsorge nach individuellen Möglichkeiten und Bedürfnissen	Zusätzliche Vorsorge nach individuellen Möglichkeiten und Bedürfnissen
Unterstellung	Obligatorisch für alle Personen, die in der Schweiz wohnen oder arbeiten	Obligatorisch für alle Arbeitnehmenden, die einen bestimmten Mindestlohn verdienen (2018 liegt er bei 21 150 Franken pro Jahr, 2019 bei 21 330 Franken)	Freiwillig, nur für Erwerbstätige	Freiwillig, für alle
Steuerliche Behandlung				
Einzahlungen	Können vom Einkommen abgezogen werden	Können vom Einkommen abgezogen werden	Können bis zu bestimmten Höchstbeträgen vom Einkommen abgezogen werden	Können – ausser im Rahmen der allgemeinen Versicherungsprämien – nicht abgezogen werden
Vermögensbildung	Steuerfrei	Steuerfrei	Steuerfrei	Je nach Anlageart*
Auszahlung	Einkommenssteuerpflichtig	Einkommenssteuerpflichtig; für Kapitalauszahlungen Spezialtarife	Einkommenssteuerpflichtig; für Kapitalauszahlungen Spezialtarife	Je nach Anlageart*

* Die Prämienzahlungen für bestimmte Lebensversicherungen sind auch im Rahmen der freien Vorsorge steuerbegünstigt. Dabei gibt es aber kantonal unterschiedliche Regelungen.

BUCHTIPP
Ausführliche Informationen zur gezielten Vorsorge finden Sie in diesem Beobachter-Ratgeber: **Vorsorgen, aber sicher! So planen Sie Ihre Finanzen fürs Alter.**
www.beobachter.ch/buchshop

abgezogen werden können und dafür die Renten bei der Auszahlung versteuert werden müssen (siehe Seite 130).

Auch die Versicherung bei einer Vorsorgeeinrichtung gemäss BVG ist obligatorisch für alle Arbeitnehmerinnen und Arbeitnehmer, die ein Mindesteinkommen verdienen (siehe Tabelle auf der vorangehenden Seite). Selbständigerwerbende können freiwillig berufliche Vorsorge betreiben. Die Beiträge an die Pensionskasse können in der Steuererklärung vollumfänglich abgesetzt werden. Bei Angestellten werden sie in der Regel schon durch den Arbeitgeber vom Bruttolohn abgezogen. Das Guthaben, das sich in der Zeit bis zur Pensionierung ansammelt, braucht nicht versteuert zu werden.

Die Säule 3a ist ebenfalls steuerlich privilegiert – sowohl bei der Einzahlung als auch während der Laufzeit und schliesslich bei der Auszahlung. In der Säule 3a vorsorgen können alle, die ein AHV-pflichtiges Erwerbseinkommen haben.

Die Säule 3b, die freie Vorsorge, steht allen offen. Sie ist nichts anderes als das ganze sonstige Vermögen und umfasst somit alles vom Bankkonto über Aktien und Obligationen, Eigenheim und Eigentumswohnung bis hin zu jeder Art von Lebensversicherung.

Für die Altersvorsorge reserviert

Als «Gegenleistung» für die steuerliche Begünstigung bleiben Guthaben der 2. Säule – wie auch der Säule 3a – für den Zweck der Altersvorsorge gebunden und können nicht nach Belieben abgehoben und für andere Zwecke ausgegeben werden. Das Geld darf frühestens fünf Jahre vor der

OBLIGATORISCHE UNFALLVERSICHERUNG

Zum Sozialversicherungssystem zählt auch die obligatorische Unfallversicherung nach UVG. Diese deckt die Folgen von Berufs- und Nichtberufsunfällen ab und ist für alle Arbeitnehmerinnen und Arbeitnehmer obligatorisch. Selbständigerwerbende können sich freiwillig gemäss UVG versichern lassen und die Prämien dafür vom steuerbaren Einkommen abziehen. Renten werden besteuert. ■

regulären Pensionierung bezogen werden. Eine vorzeitige Auszahlung ist nur in Ausnahmefällen möglich:

- Definitive Auswanderung aus der Schweiz: Eine längere Ferienreise genügt als Grund für eine Barauszahlung nicht.
- Aufnahme einer selbständigen Erwerbstätigkeit
- Finanzierung von selbst genutztem Wohneigentum (siehe Seite 105)

Höhere Abzüge dank Einkauf in die 2. Säule

Eine Möglichkeit, die Steuern zu beeinflussen, ist der zusätzliche Einkauf in die Pensionskasse. Wenn Ihre bisherigen Beiträge nicht für die Finanzierung der vollen reglementarischen Leistungen ausreichen – beispielsweise weil Sie an Ihrer früheren Stelle einer Pensionskasse mit schlechteren Leistungen angehörten oder weil Sie eine Erwerbspause eingeschaltet haben –, können Sie die fehlenden Beträge nachzahlen. Diese Nachzahlungen können Sie wie die regulären Penisonskassenbeiträge vom steuerbaren Einkommen abziehen. Das Guthaben, das sich in der Zeit bis zur Pensionierung ansammelt, muss nicht versteuert werden.

Das wirkt sich positiv auf die Steuerrechnung aus. Wenn Sie solche Nachzahlungen über mehrere Jahre verteilen, wird die Progression mehrmals reduziert.

Generell gilt, dass die 2. Säule für Gutverdienende eine ideale Möglichkeit bietet, Steuern zu sparen: Viele Unternehmen haben für ihre Kaderleute sogenannte Beletage-Versicherungen eingerichtet. Zwar sind die Einkaufssummen nach oben begrenzt, aber sie bieten für Gutverdienende dennoch lukrative Möglichkeiten, dank hohen Einzahlungen grosse Steuerabzüge vorzunehmen.

TIPP *Wie hoch die mögliche Einkaufssumme ist, sehen Sie im Pensionskassenausweis. Im Reglement können Sie nachlesen, bis wann die Pensionskasse Einkäufe zulässt. Falls Sie Pensionskassengeld für den Kauf von Wohneigentum eingesetzt haben, müssen Sie zuerst diese Vorbezüge zurückzahlen, bevor Sie sich weiter einkaufen können.*

Rente oder Kapital?

Die Möglichkeiten der Versicherten, die Pensionskassenbeiträge und die Leistungen zu beeinflussen, sind – abgesehen vom Einkauf – klein. Beeinflussen lässt sich hingegen die Art der Auszahlung, und diese hat Auswirkungen auf die Steuern:

- Bezieht man im Alter eine Pensionskassenrente, muss diese zu 100 Prozent versteuert werden (beim Bund und in vielen Kantonen gilt eine Übergangsregelung, wonach Renten, die vor 2002 zu laufen begannen, unter gewissen Voraussetzungen nur zu 80 Prozent steuerbar sind).
- Lässt man sich das Pensionskassenguthaben in einer einmaligen Kapitalleistung auszahlen, wird diese zwar ebenfalls besteuert, aber zu einem gemässigten Tarif. Der Bund und alle Kantone besteuern Pensionskassenkapital erstens getrennt vom übrigen Einkommen – die Progression greift also nicht vollständig – und zweitens zu einem tieferen Satz als normales Einkommen. Eine Zusammenstellung mit den verschiedenen Sätzen sowie Besteuerungsbeispiele finden Sie im Internet («Steuern auf Kapitalzahlungen aus Vorsorge» und «Besteuerung von Kapitalauszahlungen der 2. Säule und der Säule 3a» unter www.beobachter.ch/download).

Beim Entscheid für Rente oder Kapital sollten Sie jedoch nicht nur steuerliche Aspekte, sondern auch die anderen Vor- und Nachteile der beiden Varianten einbeziehen.

- Eine Rente wird Ihnen lebenslänglich in garantierter Höhe ausgezahlt; Sie verfügen über ein festes, planbares Einkommen. Auch müssen Sie sich nicht selbst mit einer sinnvollen Anlage des Geldes befassen. Sterben Sie, wird Ihrer Ehefrau, Ihrem Mann eine Rente ausgezahlt, sofern die Ehe mindestens fünf Jahre gedauert hat oder sie bzw. er noch für den Unterhalt von Kindern aufkommen muss. Auch die Kinder erhalten bis zum 18. Altersjahr – oder bis zum 25., wenn sie noch in Ausbildung sind – eine Hinterbliebenenrente. Guthaben, das dafür nicht gebraucht wird, fällt in der Regel an die Pensionskasse.
- Lassen Sie sich das Kapital auszahlen, sind Sie frei in der Verwendung. Sie sind aber auch selbst dafür verantwortlich, dass die Mittel bis an Ihr Lebensende reichen. Was übrig bleibt, fällt an Ihre Erben.

Steuerspareffekte mit der Säule 3a

Der Steuerspareffekt mit der Säule 3a ist ein mehrfacher. Der wichtigste Aspekt: Die Einzahlung kann bis zu einem bestimmten Höchstbetrag vom steuerbaren Einkommen abgezogen werden. Vor allem bei höheren Einkommen ist die Steuerersparnis deutlich spürbar. Die Obergrenze wird vom Bund festgelegt und beträgt:

- für Personen mit Pensionskasse, also vor allem Arbeitnehmerinnen und Arbeitnehmer: 6768 Franken für 2018 und 6826 für 2019;
- für Erwerbstätige ohne Pensionskasse, das sind in erster Linie Selbständigerwerbende: 20 Prozent des Erwerbseinkommens, aber höchstens 33 840 Franken für 2018 und 34 128 Franken für 2019.

KARIN R. IST SELBSTÄNDIG und erzielt im Jahr 2018 ein Einkommen von 170 000 Franken. Damit kann sie den Maximalbetrag, nämlich 33 840 Franken, in die Säule 3a einzahlen. Ihr Grenzsteuersatz (siehe nächste Seite) beträgt 30 Prozent; die Einzahlung in die Säule 3a senkt ihre Steuerrechnung also um 10 152 Franken (30 Prozent von 33 840 Franken). Ihre Kollegin Veronika M., die als Angestellte einen gleich hohen Grenzsteuersatz hat, kann 6768 Franken in die Säule 3a einzahlen und spart damit 2030 Franken Steuern.

Auch in der Zeit bis zur Pensionierung sind 3a-Vorsorgeguthaben steuerlich begünstigt. Weder zahlt man Einkommenssteuern auf den Zinsen oder Erträgen, noch wird das angesparte Kapital mit der Vermögenssteuer belegt.

Und wird das angesparte Kapital aus der Säule 3a schliesslich bei der Pensionierung ausgezahlt, wird es zum einen separat vom übrigen Einkommen besteuert – was die Progression bricht –, zum andern kommt ein spezieller Satz zur Anwendung, der tiefer ist als für das übrige Einkommen. Die Steuerbelastungen sind allerdings von Kanton zu Kanton sehr unterschiedlich.

TIPPS *Nutzen Sie die Möglichkeiten der 3. Säule aus, soweit Sie dies können. Allerdings: Im Vordergrund stehen muss dabei immer die Vorsorge, nicht die Steuerersparnis. Wer über genügend flüssige Mittel verfügt, kann auch sein Guthaben in der Pensionskasse* *aufstocken (siehe Seite 149). Solche Einzahlungen lassen sich vom Einkommen abziehen.*

Sind Sie verheiratet, können Sie und Ihr Ehemann, Ihre Frau je separat eine Säule 3a einrichten – vorausgesetzt, Sie sind beide erwerbstätig – und so zweimal den Höchstbetrag in der Steuererklärung abziehen. Um die Progression zu brechen, lassen Sie sich die beiden Guthaben am besten in unterschiedlichen Jahren auszahlen.

Auch Alleinstehende können die Progression bei der Auszahlung mildern, indem sie ihre Einzahlungen in die Säule 3a auf mehrere Konten verteilen und sich diese in unterschiedlichen Jahren auszahlen lassen.

Achten Sie – ebenfalls aus Gründen der Progression – darauf, dass Auszahlungen aus der Säule 3a nicht mit einer Kapitalauszahlung von Pensionskassenguthaben zusammenfallen.

Eine Zusammenstellung der Steuern auf Kapitalzahlungen aus Vorsorge finden Sie in der Tabelle «Besteuerung von Kapitalauszahlungen der 2. Säule und der Säule 3a» unter www.beobachter.ch/download.

DER GRENZSTEUERSATZ – EINE WICHTIGE GRÖSSE BEI STEUERFRAGEN

Ob Einzahlung in die Säule 3a, indirekte Amortisation oder jede andere Steuersparmassnahme, die Frage lautet immer: Wie viel macht die Steuerersparnis tatsächlich aus, in Franken gerechnet? Die Antwort hängt in erster Linie von Ihrem Grenzsteuersatz ab, von dem Satz also, zu dem ein zum bisherigen steuerbaren Einkommen addierter zusätzlicher Betrag besteuert würde. Wegen der Progression ist der Grenzsteuersatz jeweils höher als der durchschnittliche Satz, zu dem das gesamte Einkommen besteuert wird (Gesamtsteuersatz).

Beträgt Ihr Grenzsteuersatz zum Beispiel 25 Prozent, zahlen Sie auf 1000 Franken zusätzliches Einkommen 250 Franken Steuern. Weitere Beispiele von Grenzsteuersätzen finden Sie in der Tabelle «Einkommenssteuer in den Kantonen» (www.beobachter.ch/download). ■

Die Anlagemöglichkeiten im Rahmen der Säule 3a

Für Guthaben der Säule 3a sieht das Gesetz zwei Möglichkeiten vor: das 3a-Vorsorgekonto und die 3a-Vorsorgepolice. Banken und Versicherungsgesellschaften halten unterschiedliche Produkte für Anlegerinnen und Anleger bereit; einheitlich sind bei allen die steuerlichen Begünstigungen und die Einschränkungen für den Bezug des Geldes:

- **3a-Bankkonto mit festem Zinssatz**
  Der Zinssatz für solche Konten liegt über demjenigen der üblichen Sparkonten. Die Rendite eines 3a-Kontos ist bei gleichen Einzahlungen höher als die einer Versicherungspolice, da keine Risikoprämien abgezogen werden. Dafür besteht im Invaliditäts- oder Todesfall auch kein Risikoschutz. Von Vorteil ist, dass bei 3a-Konten keine Einzahlungspflicht besteht; damit bleibt man flexibler, beispielsweise bei einem finanziellen Engpass.
- **Fondsgebundenes 3a-Konto**
  Das eingezahlte Geld wird in Anlagefonds investiert, die Aktien, Obligationen oder Geldmarktanlagen enthalten. Zur Auswahl stehen verschiedene Produkte, die sich vor allem in der Höhe des Aktienanteils unterscheiden. Gemäss BVG-Vorschriften dürfen Anlagefondskonten der Säule 3a nicht mehr als 50 Prozent Aktien enthalten. Fondsverwaltete Säule-3a-Konten locken mit höherer Rendite; nicht vergessen werden darf jedoch, dass damit unweigerlich auch ein höheres Risiko verbunden ist.
- **3a-Versicherungspolice**
  Dabei handelt es sich in der Regel um gemischte Lebensversicherungen. Ein Teil der Prämie wird verwendet, um das Todesfall- und Invaliditätsrisiko abzudecken, der Rest dient zum Aufbau eines Erlebensfallkapitals, das mit einem festen Zinssatz verzinst und der versicherten Person bei Ablauf des Versicherungsvertrags samt einem – allerdings nicht garantierten – Überschussanteil ausgezahlt wird. Wer eine solche 3a-Police abschliesst, verpflichtet sich, während der ganzen Laufzeit jedes Jahr die vereinbarte Prämie – oder doch mindestens den Risikoanteil – einzuzahlen. Ist dies in einer finanziell angespannten Situation nicht möglich, muss die Police in eine prämienbefreite umgewandelt werden, was mit finanziellen Einbussen verbunden ist. Auch darf man, wenn man die Stelle verliert und länger keine neue findet, unter Umständen

gar nicht einzahlen, da das Sparen in der Säule 3a den Erwerbstätigen vorbehalten ist.

- **Fondsgebundene 3a-Vorsorgepolice**
  Auch die Versicherungsgesellschaften bieten neben den konservativen 3a-Policen mit fester Verzinsung fondsgebundene Lösungen an, deren Rendite von der Entwicklung der zugrunde liegenden Anlagefonds abhängt.

INFO *Viele Eigenheimbesitzer benutzen eine 3a-Versicherungspolice zur indirekten Amortisation ihrer Hypothek. Dadurch profitieren sie vom Steuerabzug für die Säule 3a und können gleichzeitig in der Steuererklärung die Hypothekarzinsen in voller Höhe abziehen (mehr dazu auf Seite 119).*

Steuervorteil der Säule 3a – ein Fragezeichen

Steuervorteil, maximaler Steuerabzug – wenn Versicherungs- und Bankberater ihren Kunden eine Vorsorgepolice oder ein 3a-Konto verkaufen wollen, werden diese Argumente immer wieder ins Feld geführt. Doch es gibt auch Experten, die der Meinung sind, der Vorteil der Säule 3a sei gar nicht so gross. Der Hauptgrund liegt darin, dass bei der Auszahlung Einkommenssteuern fällig werden – zu einem reduzierten Satz zwar, aber auf dem ganzen Betrag, also auch auf den Kapitalerträgen (siehe die Tabelle «Besteuerung von Kapitalauszahlungen der 2. Säule und der Säule 3a» unter www.beobachter.ch/download). Tatsächlich entsteht die grosse Steuereinsparung nur bei der Einzahlung.

Jüngere Leute sollten deshalb gut überlegen, ob sie ihr Geld in der gebundenen Vorsorge anlegen wollen oder nicht doch eher in Aktien. Denn über lange Zeiträume bringen Aktien am meisten Ertrag, im Durchschnitt 3 bis 4 Prozent mehr als Obligationen. Und die dabei eingerechneten Kapitalgewinne sind steuerfrei. Bei der Säule 3a gibt es zwar auch die Möglichkeit, in Fonds mit Aktienanteil zu investieren. Doch oft verzichten Anleger hier aus Risikoüberlegungen auf Wertschriften. Zudem gilt für den Aktienanteil grundsätzlich eine Höchstgrenze von 50 Prozent. Unter diesen Bedingungen schneidet ein reiner Aktienfonds langfristig besser ab als eine 3a-Anlage.

Inzwischen gibt es aber auch zunehmend Säule-3a-Fonds mit einem Aktienanteil von über 50 Prozent. Die Vorteile der Steuerersparnis lassen sich also häufiger auch mit einer besseren Rendite kombinieren. Bei einem langen Anlagehorizont, genügend Risikofähigkeit und Risikobereitschaft gilt: je höher der Aktienanteil, desto besser.

Steuerbegünstigung bei der Säule 3b

Die Säule 3b steht allen offen, unabhängig davon, ob jemand erwerbstätig ist oder nicht. Steuerlich interessant sind in diesem Teil der Vorsorge in erster Linie Versicherungsprodukte. Zwar können Einzahlungen in eine 3b-Versicherung in den meisten Kantonen nur im Rahmen der allgemeinen Versicherungsprämien zum Abzug gebracht werden, und hier ist der Höchstbetrag meist schon mit den Krankenkassenprämien erreicht. Auch muss das angesparte Guthaben während der Laufzeit der Police als Vermögen versteuert werden. Doch bei der Auszahlung ist das ganze Guthaben inklusive Erträge und allfällige Überschussanteile von der Einkommenssteuer befreit, vorausgesetzt die gesetzlichen Bedingungen punkto Laufzeit und Alter wurden eingehalten.

TIPP *In Policen der Säule 3b können Versicherungsnehmer auch Personen ausserhalb des Kreises der gesetzlichen Erben als Begünstigte einsetzen. Das macht sie vor allem für Konkubinatspaare interessant. Ein solche Versicherungsauszahlung unterliegt – sofern keine Pflichtteile verletzt werden – nicht dem Erbrecht.*

Jahresprämienversicherungen

Sie sind die bekannteste Form von Lebensversicherungen. Sie als Versicherungsnehmer verpflichten sich, für die vereinbarte Laufzeit jedes Jahr eine Prämie zu bezahlen. Bei Ablauf erhalten Sie ein Erlebensfallkapital plus einen allfälligen Überschussanteil. Versichert ist auch ein Todesfallkapital, das den Hinterbliebenen ausgezahlt wird, falls Sie während der Laufzeit sterben.

Konventionelle Jahresprämienversicherungen garantieren einen festen Zinssatz für die ganze Vertragszeit; er ist die Basis der garantierten Versicherungsleistung, zu der allenfalls noch der nicht garantierte Überschussanteil hinzukommt. Bei fondsgebundenen Policen ist das Erlebensfallkapital in der Regel nicht garantiert, sondern hängt von der Entwicklung der zugrunde liegenden Anlagefonds ab.

Das Erlebensfallkapital einer periodisch finanzierten Sparversicherung ist nicht immer steuerfrei. Dazu müssen bestimmte Voraussetzungen erfüllt sein; im Vordergrund steht ein angemessener Risikoschutz. Bei fondsgebundenen Kapitalversicherungen sind diese Anforderungen höher als bei klassischen Kapitalversicherungen mit festem Zinssatz.

TIPP *Planen Sie eine Jahresprämienversicherung abzuschliessen, lassen Sie sich von Ihrem Versicherungsberater schriftlich bestätigen, dass die Anforderungen für die Steuerfreiheit erfüllt sind.*

Einmaleinlageversicherungen

Bei diesen Policen wird die Einlage in einer einmaligen Zahlung bei Vertragsabschluss geleistet und dann während der vereinbarten Laufzeit stehen gelassen. Konventionelle Einmaleinlageversicherungen garantieren ein Erlebensfallkapital, das sich aus der Einlage und einem festen Zins zusammensetzt. Dazu kommen die nicht garantierten Überschüsse. Bei fondsgebundenen Einmaleinlagepolicen hängt das Erlebensfallkapital von der Kursentwicklung der zugrunde liegenden Anlagefonds ab.

Damit die Auszahlung aus einer Einmaleinlageversicherung steuerbefreit ist, müssen folgende Bedingungen erfüllt sein:

- Die versicherte Person ist im Zeitpunkt der Auszahlung mindestens 60 Jahre alt.
- Die Versicherung wird vor der Vollendung des 66. Altersjahrs abgeschlossen.
- Die Laufzeit beträgt mindestens fünf Jahre für Einmaleinlagepolicen mit festem Zinssatz bzw. mindestens zehn Jahre für fondsgebundene Einmaleinlagepolicen.

TIPPS *Eine Jahresprämienversicherung sollten Sie nur abschliessen, wenn Sie sicher sind, dass Sie die Prämie während der ganzen Laufzeit tragen können werden. Eine vorzeitige Auflösung ist immer mit finanziellen Einbussen verbunden.*

Schliessen Sie, auch wenn Sie die Lösung mit festem Zinssatz wählen, keine Einmaleinlageversicherung mit bloss fünfjähriger Laufzeit ab. Die Stempelsteuer von 2,5 Prozent würde die jährliche Rendite um 0,5 Prozent reduzieren. Je länger die Police läuft, umso weniger fällt diese Abgabe ins Gewicht.

Egal, welche 3b-Variante Sie wählen, das Steuerkriterium ist nur eines unter vielen. Mit Versicherungspolicen lassen Sie sich in der Regel auf eine lange Vertragsdauer ein. Es lohnt sich deshalb, vor Abschluss die Angebote mehrerer Versicherer miteinander zu vergleichen.

Wirrwarr bei Leibrenten

Man zahlt der Versicherungsgesellschaft eine Prämie und erhält dafür bis ans Lebensende eine Rente. So funktioniert die Leibrentenversicherung; es gibt sie in den verschiedensten Variationen (siehe Kasten). Ebenfalls unterschiedlich und vor allem komplex ist die Besteuerung. Es geht um:

- die Besteuerung der Rente als Einkommen
- die Besteuerung des Rückkaufswerts als Vermögen
- die Besteuerung eines allfälligen Rückkaufs
- die Besteuerung des Rückgewährskapitals
- die Stempelsteuer beim Abschluss

Wie nicht anders zu erwarten, ist die Besteuerung zudem von Kanton zu Kanton verschieden.

UNTERSCHIEDLICHE LEIBRENTENPOLICEN

Leibrentenpolicen bestehen in unterschiedlichen Kombinationen der folgenden Kriterien:

- Rentenzahlung sofort beginnend oder aufgeschoben, zum Beispiel bis zum Alter 75.
- Mit oder ohne Rückgewähr: Mit Rückgewähr wird beim Tod der versicherten Person noch nicht verbrauchtes Kapital an die Erben ausgezahlt. Ohne Rückgewähr bleibt solches Kapital beim Versicherer, dafür ist die Rente rund 20 Prozent höher.
- Finanzierung mit Einmaleinlage oder Jahresprämie
- Abschluss auf ein oder auf zwei Leben

Einkommenssteuer
Die Rente ist sowohl beim Bund wie auch in den Kantonen nur zu 40 Prozent als Einkommen zu versteuern.

HANS. A. WIRD 65, seine Partnerin Ruth Z. 62 Jahre alt. Eine Pensionskasse hat der selbständigerwerbende Hans A. keine, dafür verfügt er über ein Sparguthaben von 300 000 Franken, mit dem er zur Aufbesserung seines Einkommens eine Rentenversicherung abschliessen will. Ruth Z. verfügt selber über genug Einkommen und ist nach seinem Tod nicht auf weitere Zahlungen angewiesen. Immerhin soll sie dann aber erben, was vom Kapital noch übrig ist. Hans A. schliesst also eine Rentenversicherung auf ein Leben mit Rückgewähr ab. Angenommen, er erhält dafür eine garantierte Jahresrente von rund 12 000 Franken und dazu nicht garantierte Überschüsse von 1800 Franken. Den Gesamtbetrag muss Herr A. als Einkommen versteuern, allerdings nur zu 40 Prozent. Das heisst, er muss nicht 13 800, sondern bloss 5520 Franken versteuern.

Vermögenssteuer
Vorbei mit der einheitlichen Regelung ist es bei der Vermögenssteuer, sofern die Leibrente einen Rückkaufswert aufweist. Das gilt für alle Leibrenten mit Rückgewähr. Solange noch keine Rente ausgezahlt wird, muss der Rückkaufswert in allen Kantonen als Vermögen versteuert werden. Unterschiedlich ist jedoch die Regelung nach Auszahlung der ersten Rente: In vielen Kantonen unterliegen laufende Leibrenten mit Rückgewähr der Vermögenssteuer. Sobald dann die Rente zu fliessen beginnt, fallen keine Vermögenssteuern mehr an. Rentenversicherungen ohne Rückgewähr haben keinen Rückkaufswert, also unterliegen sie auch nicht der Vermögenssteuer.

Besteuerung des Rückkaufswerts
Sollte man zum Schluss kommen, die Rentenversicherung doch nicht nötig zu haben, kann man sie zurückkaufen – und zwar zum Rückkaufswert. Allerdings will auch der Fiskus sein Stück abhaben. Wie viel das ist, hängt von zwei Kriterien ab: Erstens davon, ob die Rentenzahlungen bereits laufen oder ob der Rückkauf in der Aufschubzeit getätigt wird. Und zweitens davon, ob die Kapitalauszahlung Vorsorgecharakter hat oder nicht.

Laufende Renten dienen immer der Vorsorge. Beim Rückkauf einer bereits laufenden Leibrente wird die Rückkaufssumme zu 40 Prozent besteuert, getrennt vom übrigen Einkommen und zum Vorsorgetarif.

Auch bei einem Rückkauf während der Aufschubzeit wird die Rückkaufssumme auf gleiche Weise besteuert – aber nur, wenn die Kapitalauszahlung Vorsorgecharakter hat. Das hat sie gemäss Bundesgericht, wenn folgende Bedingungen kumulativ erfüllt sind:

- Vertragsschluss vor dem 66. Geburtstag
- Vertragsverhältnis von mindestens fünf Jahren
- Auszahlung nicht vor dem vollendeten 60. Altersjahr

Ist eine dieser drei Bedingungen nicht erfüllt, hat die Kapitalauszahlung keinen Vorsorgecharakter. Dann muss der mit dem Rückkauf realisierte Ertrag versteuert werden. Dieser besteht in der Differenz zwischen der Gesamtleistung des Versicherers und der vom Versicherungsnehmer bezahlten Prämie. Dieser Ertrag ist zusammen mit dem übrigen Einkommen zu versteuern.

Besteuerung des Rückgewährskapitals

Stirbt der Versicherte, wird das noch nicht verbrauchte Kapital an die Erben ausgezahlt, sofern die Police ausdrücklich mit Rückgewähr abgeschlossen wurde. Das Rückgewährskapital bei Tod unterliegt sowohl beim Bund wie in allen Kantonen im Umfang von 40 Prozent der Einkommenssteuer. Auch in diesem Fall gelangt der Vorsorgetarif zur Anwendung, was zu einer tieferen Belastung führt.

Die übrigen 60 Prozent des Rückgewährskapitals unterliegen der Erbschaftssteuer. Wie weit eine solche erhoben wird, richtet sich nach dem Recht des Wohnsitzkantons des Verstorbenen. In den meisten Kantonen sind Ehegatten und direkte Nachkommen von der Erbschaftssteuer befreit.

TIPP *Die Regelungen sind vielfältig. Es lohnt sich deshalb, beim Abschluss einer Leibrentenversicherung bei der Steuerbehörde anzufragen, wie die Besteuerung geregelt ist.*

Geldanlage und Steuern – ein heisses Thema

Geld lässt sich auf viele Arten anlegen, die sich nicht nur in der eigentlichen Rendite unterscheiden, sondern auch in den abzuliefernden Steuern. Diese können denn auch einen vermeintlich schönen Profit empfindlich schmälern, weshalb es sich lohnt, genau hinzuschauen. Allerdings sei davor gewarnt, bei Geldanlagen nur auf die Steuerersparnis zu achten.

Eine Vermögensanlage tätigt man, um Geld auf die Seite zu legen und später, zum Beispiel nach der Pensionierung, darauf zurückgreifen zu können. Und man tätigt sie nicht, um Steuern zu sparen. Allererste Priorität bei jedem Anlageentscheid müssen deshalb immer die grundsätzlichen Faktoren haben: das Ziel, das Sie mit Ihrer Anlage verfolgen, die Dauer, während der Sie das Geld liegen lassen können und wollen, sowie Ihre persönliche Risikobereitschaft. Daraus ergibt sich die optimale Anlageform – wenn diese auch noch steuergünstig ist, umso besser.

Trotzdem gibt es eine ganze Reihe Möglichkeiten, beim Geldanlegen Steuern zu sparen – ein Überblick:

- **Aktien**
  Die Dividende fällt bei Aktienanlagen kaum ins Gewicht. Interessant sind die Kursgewinne – und diese sind steuerfrei. Freilich sollten Sie bei Aktienanlagen bestimmte Regeln einhalten: Kaufen Sie Aktienfonds statt Einzelaktien; und investieren Sie nur Geld, auf das Sie in den nächsten zehn Jahren nicht angewiesen sind. Für kurzfristige Anlagen, die gleichzeitig sicher sein sollen, eignen sich Aktien nicht.
- **Obligationen**
  Der Zins bei Obligationen ist als Einkommen zu versteuern, daher sollten Sie zumindest auf den Marchzinstermin achten (siehe Seite 164). Bei grösseren Beträgen lassen sich mit Transaktionen im richtigen Zeitpunkt schnell ein paar Tausend Franken sparen. Allerdings wird die Steuerbehörde misstrauisch, wenn jemand regelmässig kurz vor dem Zinstermin Obligationen verkauft und anschliessend ähnliche zukauft.

Dann besteht das Risiko, dass dies als Steuerumgehung betrachtet wird.

- **Obligationen unter dem Ausgabepreis**
  Die Differenz zwischen dem Kurs einer Obligation und dem Ausgabepreis ist steuerfrei. Doch eine sehr grosse Differenz könnte als überwiegende Einmalverzinsung eingestuft werden – und die wiederum ist steuerbar (siehe Seite 164).
- **Ausländische quellensteuerfreie Wertpapiere**
  Damit spart man zwar keine Einkommenssteuern, aber zumindest den Zinsverlust, der durch den sofortigen Abzug der Verrechnungssteuer entsteht.
- **Fremdwährungsobligationen**
  Alle Anlagen in einer fremden Währung – ob Aktien, Obligationen oder ein einfaches Konto – können im Wert steigen oder fallen, je nachdem wie sich der Kurs dieser Währung gegenüber dem Franken entwickelt. Steigt der Wechselkurs, ist die Anlage mehr wert. Auch solche Devisengewinne sind steuerfreie Kapitalgewinne. Allerdings dürfen Sie das Währungsrisiko nicht unterschätzen. Langfristig hat der Franken seinen Ruf als starke Währung immer wieder bestätigt – gerade auch in den letzten Jahren.

TIPP *Wenn Sie Vermögen anlegen können, machen Sie sich kundig über den Unterschied zwischen steuerfreien und steuerpflichtigen Gewinnen und Erträgen und ändern Sie eventuell Ihre Anlagestrategie – selbstverständlich unter Berücksichtigung des Risikos.*

Wichtig ist die Gesamtrendite

Alle Geldanlagen bringen eine Rendite, in Form von Zinsen und anderen Ausschüttungen oder von Wertzuwachs. Allerdings täuschen die Renditeprozente und Zinssätze. Denn die Rendite, die damit für eine Anlageform ausgewiesen wird, ist eine Bruttorendite, und die wird durch verschiedene Faktoren geschmälert – oft sogar massiv.

- So fallen je nach Anlageform **Steuern** an. Bei einem hohen Einkommen können diese durchaus einen Drittel oder mehr vom Ertrag wegfressen.

Wenn eine Obligation einen Zins von 2,5 Prozent abwirft und dieser mit 30 Prozent besteuert wird, reduziert sich der Ertrag auf 1,75 Prozent.

- Die **Courtage** – für Anlagefonds ist es die Ausgabekommission – und die **Stempelsteuer** fallen zwar bloss ein- oder zweimal an, nämlich beim Kauf und beim Verkauf. Doch bei kurzer Anlagedauer können sie die Rendite spürbar verkleinern. Das bekommen vor allem Anlegerinnen und Anleger zu spüren, die regelmässig Aktien, Obligationen oder Fondsanteile kaufen und verkaufen, in der Hoffnung, jeweils die schlechteren abzustossen und mit besseren mehr zu verdienen. Unabhängig davon, ob dies gelingt oder nicht, wird durch die häufigen gebührenpflichtigen Transaktionen der Gesamtertrag spürbar reduziert.
- Zu den Gebühren bei Kauf und Verkauf kommen jedes Jahr die **Depotgebühren** der Bank sowie bei Anlagefonds die Kosten für die Verwaltung, die **Managementgebühren,** hinzu.

Wer immer sich für eine bestimmte Geldanlage entscheidet, sollte eine genaue Rechnung aller anfallenden Abgaben, Steuern und Gebühren anstellen, und dies über die gesamte voraussichtliche Anlagedauer. Die Anlageinstrumente wie auch die steuerlichen Regelungen sind heute so vielfältig, dass es nur mit einer Gesamtschau möglich ist, sinnvolle Strategien für die Vermögens-, Anlage- oder Steuerplanung zu entwickeln.

Kapitalgewinn und Kapitalertrag

Aus steuerlicher Sicht ist die Unterscheidung zwischen Kapitalgewinn und Kapitalertrag von grosser Bedeutung:

- **Kapitalgewinne** entstehen aus der Wertsteigerung einer Kapitalanlage, also zum Beispiel aus dem Kursanstieg von Aktien. Wer eine Aktie für 1000 Franken kauft und später für 1100 wieder verkaufen kann, erzielt einen Kursgewinn von 100 Franken, der steuerfrei ist. Die Kurse von Obligationen steigen oder fallen ebenfalls, deshalb können auch mit diesen Papieren steuerfreie Kursgewinne erzielt werden, allerdings wesentlich weniger ausgeprägt als bei den Aktien.
- **Kapitalerträge** sind Zahlungen als Prämie dafür, dass ein Anleger sein Geld jemand anderem ausleiht – sei es auf dem Konto oder in Form

von Aktien oder Obligationen. Diese Prämien werden auf Konten und Obligationen als Zinsen, auf Aktien als Dividenden ausgerichtet, und sie werden besteuert. Die Steuer wird in der Schweiz als Verrechnungssteuer eingezogen. 35 Prozent der Kapitalerträge werden bereits abgebucht, bevor die Zinsen oder Dividenden überhaupt an den Anleger ausgezahlt werden, und direkt an den Bund abgeliefert (nur der Bund erhebt die Verrechnungssteuer, die Kantone dürfen dies nicht). Der Anleger kann die abgezogenen 35 Prozent mit seiner Steuererklärung wieder zurückfordern (mehr dazu auf Seite 42).

TIPP *Die Verrechnungssteuer wird nur auf Zinserträgen von Kapitalanlagen bei inländischen Schuldnern abgezogen. Das bedeutet aber weder, dass alle Frankenobligationen der Verrechnungssteuer unterliegen, noch, dass dies für alle von Schweizer Banken herausgegebenen Obligationen der Fall ist. Denn einerseits können ausländische Banken Wertpapiere in Schweizer Franken herausgeben, anderseits legen Schweizer Banken Anlagen in ausländischen Währungen auf. Auch solche Anlagen sind aber nicht grundsätzlich steuerfrei: Sie müssen in der Steuererklärung deklariert und als Vermögen – respektive die Erträge als Einkommen – versteuert werden.*

Aufgepasst mit Obligationen

Bestimmte Arten von Obligationen sind so ausgestaltet, dass die Unterscheidung zwischen Kapitalgewinn und -ertrag schwierig ist. So gibt es Obligationen, die zu einem Kurs von beispielsweise 90 Franken herausgegeben werden, aber einen Nennwert von 100 Franken haben, der am Ende der Laufzeit auch ausgezahlt wird. Diese Differenz von 10 Franken gilt nicht als Kapitalgewinn, sondern als Verzinsung und wird deshalb besteuert. Wenn der Kurs einer solchen Obligation zwischenzeitlich auf 80 Franken fällt und in diesem Zeitpunkt verkauft wird, erzielt der neue Besitzer am Ende der Laufzeit einen Gewinn von 20 Franken. Davon gelten 10 Franken als steuerfreier Kursgewinn (Wertsteigerung von 80 auf 90 Franken) und 10 Franken (Differenz zwischen Ausgabepreis und Nennwert) als steuerpflichtige Verzinsung.

Eine weitere Besonderheit von Obligationen entsteht dadurch, dass die jährlichen Zinsen zu einem bestimmten Datum ausgezahlt werden. Anspruch auf den ganzen Jahreszins hat diejenige Person, die die Obligation zum Zinstermin besitzt. Um dies auszugleichen, werden die bereits aufgelaufenen Zinsen beim Verkauf anteilig angerechnet (sogenannter Marchzins).

EINE OBLIGATION VON 10 000 FRANKEN hat einen Zins von 2,5 Prozent, der jeweils per 31. Dezember ausgeschüttet wird. An diesem Zinstermin erhält der Besitzer den Jahreszins von 250 Franken ausgezahlt. Wenn er die Obligation nun Ende November verkauft, beträgt ihr Wert 10 229 Franken, nämlich den Kurswert plus elf Zwölftel des Zinses. Dieser Marchzins von 229 Franken ist für den Verkäufer steuerfrei, der Käufer hingegen muss einen Monat später die vollen 250 Franken Zinsen versteuern.

Wer eine laufende Anleihe über die Börse kauft, sollte nicht nur den Kurs, das Verfalldatum, den Zins und die Schuldnerbonität beachten. Man sollte sich auch nach dem Emissionspreis erkundigen, selbst wenn die Emission schon viele Jahre zurückliegt. Lag der Kurs bei der Emission unter pari (unter dem Nennwert), ist höchste Vorsicht geboten. Handelt es sich um eine Diskontobligation mit überwiegender Einmalverzinsung, sollte man sie vor Verfall wieder verkaufen, sonst folgt bei der Steuerrechnung das böse Erwachen. Denn die Differenz zwischen dem Ausgabe- und dem Rücknahmepreis ist als Einkommen zu versteuern – deshalb heissen diese Papiere auch «Den-Letzten-beissen-die-Hunde-Bonds».

Diese Regelungen und Berechnungen sind relativ kompliziert. Wer sein Geld in Obligationen anlegt, informiert sich mit Vorteil bei kompetenten Personen, etwa auf der Bank, beim Treuhänder oder bei der Steuerberaterin.

Ausschüttung oder Reinvestition?

Viele Anlegerinnen und Anleger kaufen nicht Einzelaktien oder -obligationen, sondern investieren ihr Geld in Anteile von Anlagefonds. Das Vermögen solcher Anlagefonds wird von den Fondsmanagern in Aktien und/oder Obligationen angelegt; die Anleger nehmen im Verhältnis zu ihren Anteilen an den Erträgen und Kursgewinnen (oder -verlusten) teil.

Viele dieser Anlagefonds sind thesaurierende Fonds. Das heisst, die jährlichen Zins- oder Dividendenerträge werden nicht ausgeschüttet, sondern immer wieder in die Fonds investiert. Die Anlegerinnen und Anleger erhalten eine entsprechende Anzahl Fondsanteile dafür. Trotzdem sind die Erträge zu versteuern.

Auch beim Kauf oder Verkauf von Fondsanteilen werden die Erträge ähnlich wie bei den Marchzinsen von Obligationen auf die Zeitdauer angerechnet.

DIE WICHTIGSTEN ANLAGEFORMEN

Art	Vor- und Nachteile	Steuerliche Aspekte
Sparkonto	■ Sehr sicher ■ Das Geld steht jederzeit zur Verfügung. ■ Sehr tiefe Rendite	Zinsen müssen versteuert werden.
Aktien	■ Hohes Risiko ■ Langfristig hohe Rendite ■ Aktien sollten langfristig gehalten werden (mindestens zehn Jahre).	■ Kursgewinne von Aktien sind steuerfrei. ■ Dividenden müssen versteuert werden.
Obligationen	■ Mittlere Rendite (zwischen Aktien und Konto) ■ Obligationen sind sicherer als Aktien.	■ Zinsen müssen versteuert werden. ■ Kursgewinne sind steuerfrei.
Anlagefonds	Rendite und Risiko hängen vom Aktienanteil ab.	■ Erträge müssen versteuert werden. ■ Kursgewinne sind steuerfrei.
Immobilien	Risiko und Rendite schwer abschätzbar; emotionaler Wert, wenn man selbst darin wohnt	Verschiedene Steuern wie Grundstückgewinn- und Handänderungssteuern

Steuerliche Behandlung von Mitarbeiteraktien

Viele Firmen geben ihren Mitarbeiterinnen und Mitarbeitern die Möglichkeit, Aktien des eigenen Unternehmens zu günstigen Konditionen zu erwerben. In diesem Fall taxiert das Steueramt die Differenz zwischen dem Wert und dem Bezugspreis nicht als Kapitalgewinn, sondern als geldwerte Leistung des Arbeitgebers und kassiert darauf Steuern (und AHV-Beiträge sind auch zu zahlen).

Zahlungsprobleme und Delikte

9

Wer als Steuerzahler versucht, die Behörden übers Ohr zu hauen, und dabei erwischt wird, hat wenig zu lachen. Steuerhinterziehung und Steuerbetrug werden geahndet und können teuer zu stehen kommen.

Zahlungsschwierigkeiten bewältigen

Es ist eine Binsenweisheit: Steuern zahlt niemand gern. Dennoch ist es klüger, diese Ausgabe nicht zu verdrängen. Die nächste Steuerrechnung kommt bestimmt.

Besonders für Leute mit kleinem Einkommen und ohne Vermögen kann es ein Problem sein, das Geld für die Steuern auf die Seite zu legen. Aber auch Bessergestellte sollten sich frühzeitig Gedanken darüber machen, wie sie die Rechnung bezahlen wollen. Die folgenden Tipps sollen Ihnen das Unangenehme erleichtern.

TIPPS *Planen Sie die Ausgabe auf jeden Fall in Ihrem persönlichen Budget ein, und vergessen Sie die Bundessteuer und – wenn nötig – auch den Wehrpflichtersatz nicht.*

Rechnen Sie – vorausgesetzt, Sie können sich das leisten – nicht einfach mit dem 13. Monatslohn. Wenn Sie das Geld für die Steuern während des Jahres in Teilbeträgen ansparen, haben Sie keine Probleme, falls Ende Jahr noch andere unvorhergesehene Rechnungen anstehen. Und im besten Fall haben Sie den Dreizehnten für angenehmere Ausgaben zur Verfügung. Wie viel Sie – beispielsweise jeden Monat – zur Seite legen müssen, wissen Sie vom letzten Jahr, zumindest wenn sich an Ihrer Einkommenssituation nichts Grundlegendes verändert hat.

Vorauszahlung lohnt sich gelegentlich

Eine andere Möglichkeit besteht darin, die Steuern während des laufenden Jahres in Raten zu überweisen. Das ist ähnlich attraktiv wie das Überweisen aufs Bankkonto, da das Steueramt in manchen Kantonen für frühzeitig eingezahltes Geld einen Zins vergütet. Vereinzelt ist er sogar höher als die Zinssätze von Privatkonten bei Banken. In den vergangenen Jahren kam es allerdings zu einer Anpassung an das tiefe Zinsniveau: Der Bund und einige Kantone haben den Satz gar auf null gesenkt. In vielen weiteren Kantonen liegt er nahe bei null. Erkundigen Sie sich vor der Einzahlung bei der Steuerbehörde nach dem Vergütungszins.

Fristgerecht zu zahlen lohnt sich gelegentlich aus einem weiteren Grund: Dafür gewährt das Steueramt in manchen Kantonen einen Skonto-Abzug. Wer zu spät zahlt, wird dagegen mit einem Verzugszins von bis zu 4 Prozent bestraft. Das kann rasch einige Hundert Franken ausmachen.

TIPP *Denken Sie daran, dass mit der ersten Steuerrechnung von der Gemeinde das Thema nicht vom Tisch ist. Die direkte Bundessteuer kommt auch noch.*

Mit Steuerbehörden kann man reden

Nachsteuern kommen zwar ungelegen, aber nie wirklich überraschend – sondern immer dann, wenn man in einem Jahr mehr verdient hat als im Jahr zuvor. Dann fällt die Steuerrechnung höher aus als die provisorischen Akontozahlungen. Rechnen Sie also von Anfang an damit.

Wenn die Nachsteuern trotzdem in einem Moment kommen, in dem Sie gerade nicht genügend Mittel flüssig haben, sollten Sie auf keinen Fall einen Kleinkredit aufnehmen. Der Grund ist einfach: Für einen Kleinkredit bezahlen Sie Zinsen bis zu 15 Prozent, das Steueramt hingegen berechnet nur den normalen Verzugszins (4 Prozent). Am besten nehmen Sie in einem solchen Fall sofort Kontakt mit dem Steueramt auf und versuchen, eine Stundung zu erwirken oder tragbare **Ratenzahlungen** zu vereinbaren. Grundsätzlich bieten die Steuerbehörden für solche Vereinbarungen durchaus Hand, wenn sie den Eindruck bekommen, dass ein Steuerschuldner gewillt ist, die Raten zu bezahlen.

Wenn das alles nicht genügt, können Sie versuchen einen **Steuererlass** zu erwirken. Allerdings sind die Chancen dafür klein. Sie müssen dafür nachweisen, dass Sie in einer echten Notlage stecken. Oft werden solche Gesuche zuerst einmal abgewiesen; erst wenn es zu einer Betreibung kommt, werden die Unterlagen genauer geprüft. Ein kleiner Trost: Betrieben werden darf man nur bis zur Höhe des Existenzminimums, mehr können auch die Steuerbehörden nicht abholen.

Halb legal bis illegal

Hand aufs Herz: Wer hat nicht schon daran gedacht, eine Erbschaft oder eine Bareinnahme nicht anzugeben – es sind ja nur ein paar Tausend Franken, und man zahlt ohnehin mehr als genug Steuern.

Natürlich muss das jede und jeder mit dem eigenen Gewissen vereinbaren, doch Steuerhinterziehung und Steuerbetrug sind keine Kavaliersdelikte – obwohl die Strafbestimmungen für Steuerhinterziehung gelegentlich diesen Eindruck erwecken könnten. Völlig legal und immer wieder empfohlen – auch in diesem Buch – ist dagegen die Steueroptimierung oder Steuervermeidung. Das beinhaltet alles, womit Sie das geltende Recht zu Ihren Gunsten ausnutzen, etwa indem Sie alle Abzüge vornehmen, die Ihnen zustehen, oder indem Sie in eine steuergünstigere Gemeinde umziehen.

Steuerhinterziehung und Steuerbetrug

Steuerbetrug und Steuerhinterziehung sind zwei verschiedene Delikte. **Steuerhinterziehung** bedeutet, dass jemand falsche, unvollständige oder gar keine Angaben über sein Einkommen und Vermögen macht. Strafbar machen sich dabei nicht nur diese Person selbst, sondern auch alle, die sie dazu anstiften oder bei der Hinterziehung mithelfen. Zusätzlich wird zwischen versuchter und vollendeter Steuerhinterziehung unterschieden. Der Unterschied liegt darin, ob das Delikt vor oder nach der Veranlagung durch die Steuerbehörden entdeckt wird.

RETO M. BESITZT EIN BANKKONTO IN LUXEMBURG, das er in seiner Steuererklärung nicht deklariert. Bei der Prüfung der eingereichten Unterlagen kommt das Steueramt diesem Konto auf die Spur, Reto M. reicht auf Aufforderung die Auszüge nach, und das Steueramt korrigiert die Zahlen. Das gilt als versuchte Steuerhinterziehung. Wenn hingegen die Veranlagung rechtsgültig wird und die Steuerbehörden das Konto erst nachträglich entdecken, handelt es sich um vollendete Steuerhinterziehung.

Steuerbetrug begeht, wer für die Steuerhinterziehung gefälschte oder falsche Urkunden und Belege wie Lohnausweise oder Geschäftsbilanzen einreicht.

MANUELA R., INHABERIN einer Kommunikationsagentur als Einzelunternehmen, verbucht in ihrer Geschäftsrechnung grosszügig Privatreisen als beruflichen Aufwand. Damit weist sie einen tieferen Gewinn aus und zahlt weniger Steuern. Frau B. begeht Steuerbetrug, da sie dem Steueramt eine unrichtige Geschäftsbilanz vorlegt.

Die Delikte werden unterschiedlich bestraft: Die Busse für Steuerhinterziehung ist in der Regel so hoch wie die hinterzogene Steuer, im Maximum beträgt sie das Dreifache davon. Wer eine Steuerhinterziehung begangen hat und sich nachträglich reuig fühlt, kann sich selbst anzeigen, was sich mildernd auf die Strafe auswirkt. Die Verfolgung von Steuerhinterziehung ist Sache der Steuerbehörden.

Bei Steuerbetrug ist die Höchststrafe eine Busse von 30 000 Franken oder gar Gefängnis. Als eigentliches Delikt wird Steuerbetrug zudem nicht von den Steuer-, sondern von den Strafbehörden geahndet und hat – wenn man verurteilt wird – einen Eintrag im Strafregister zur Folge.

Mini-Steueramnestie

2010 hat der Bundesrat das Recht auf eine einmalige straflose Selbstanzeige sowie eine mildere Nachbesteuerung ehrlicher Erben in Kraft gesetzt. Vorher mussten **Steuerhinterzieher,** die sich selber anzeigten, eine Busse von einem Fünftel der hinterzogenen Steuer bezahlen. Mit der aktuellen Regelung gehen natürliche Personen wie auch Unternehmen bei der ersten Selbstanzeige straflos aus. Einzig die ordentliche Nachsteuer und der Verzugszins werden auf zehn Jahre zurück erhoben. Vorausgesetzt wird eine vorbehaltlose Unterstützung der Steuerbehörden.

Wenn **Erben** die Steuerhinterziehung Verstorbener deklarieren, müssen sie Nachsteuer und Verzugszins nur noch für die drei letzten Steuerperioden vor dem Tod des Erblassers bezahlen. Zuvor waren es zehn Jahre.

Was bringt die Steueramnestie?

Die Mini-Amnestie soll den Anreiz für Steuerpflichtige erhöhen, bisher versteckte Vermögen und Einkünfte endlich ordentlich zu deklarieren. Die

Behörden erhoffen sich eine Erhöhung der Steuereinnahmen. Tatsächlich haben einige Steuersünder bisher nicht deklarierte Gelder offengelegt.

So stieg die Zahl der Selbstanzeigen unmittelbar nach der Inkraftsetzung sprunghaft an. Im Kanton Zürich zum Beispiel vervierfachte sie sich im ersten Jahr, die Summe der bezahlten Nachsteuern stieg gar um das Zehn-

AUTOMATISCHER INFORMATIONSAUSTAUSCH (AIA) UND SCHWEIZER STEUERZAHLER

«An diesem Bankgeheimnis werdet ihr euch die Zähne ausbeissen», sagte 2008 der damalige Finanzminister Hans-Rudolf Merz. Diese Kampfansage an die internationale Gemeinschaft war aber bloss ein letztes Aufbäumen. 2017 hat die Schweiz begonnen, mit allen EU-Staaten und mit Dutzenden weiteren Ländern weltweit automatisch Steuerinformationen auszutauschen. Damit ist das Bankgeheimnis Geschichte, das Ausländern erlaubte, in der Schweiz Geld zu verstecken, das sie in ihrem Heimatland nicht versteuert hatten.

Weiterhin bestehen bleibt das inländische Bankgeheimnis. Im Inland fliessen also auch heute nicht automatisch Kundeninformationen von Banken zu Steuerbehörden. Trotzdem sind viele Schweizer betroffen, die im Ausland Vermögen haben. Denn der internationale Informationsaustausch läuft in beide Richtungen: Ausländische Steuerbehörden erhalten Zugriff auf Bankdaten ihrer Bürger in der Schweiz, und Schweizer Steuerbehörden erhalten Informationen über Konten von Schweizerinnen und Schweizern im Ausland. Wer im Ausland hinterzogenes Geld deponiert, könnte also auffliegen. Ein Konto kann zudem auch Hinweise auf ein Ferienhaus im Ausland geben, das in der Schweiz nicht deklariert wurde.

Die Eidgenössische Steuerverwaltung setzte eine letzte Frist bis September 2018, innert derer Steuerpflichtige solche Gelder mit einer straflosen Selbstanzeige melden konnten (siehe vorangehende Seite). Ansonsten drohen neben Nachsteuern auch Bussen. Reuige Steuersünder, die sich erst 2019 melden, sind also zu spät. Trotzdem besteht laut Experten auch 2019 oder später noch die Chance, mit einer straflosen Selbstanzeige glimpflicher davonzukommen. Denn im Grundsatz gilt: Der Steuerpflichtige muss sich freiwillig melden, bevor die Behörde Kenntnis von der Steuerhinterziehung erhalten hat. Da im Informationsaustausch eine riesige Fülle an Daten fliesst, kann es länger dauern, bis einzelne Steuerpflichtige überführt werden.

Aufpassen müssen schliesslich auch Schweizerinnen und Schweizer, die im Ausland leben. Haben sie in der Schweiz Konten oder Immobilien, die sie an ihrem ausländischen Wohnsitz nicht versteuern, kann sie das teuer zu stehen kommen. Je nach Landesrecht drohen sehr hohe Bussen. Eine Notlösung kann in solchen Fällen allenfalls sein, den Wohnsitz vorübergehend in die Schweiz zu verlegen. ■

fache. Mit ein Grund für die starke Zunahme war, dass viele mit der ohnehin geplanten Selbstanzeige gleich bis zur Inkraftsetzung des neuen Rechts gewartet hatten. Zu einem erneuten starken Anstieg kam es 2017 kurz vor der Einführung des Automatischen Informationsaustausches, dank dem die Behörden Hinweise über im Ausland verborgene Vermögen erhalten. Manche Kantone registrierten doppelt so viele Selbstanzeigen wie im Vorjahr, andere bis zu viermal so viele.

Seit der Einführung der Mini-Amnestie haben sich gemäss Schätzungen bis Ende 2018 rund 100 000 Steuerpflichtige selber angezeigt. Bund, Kantone und Gemeinden dürften dadurch etwa drei Milliarden Franken zusätzlich eingenommen haben.

Steuerumgehung

Schliesslich kennt das Gesetz auch den Begriff der Steuerumgehung. Damit ist das Ausnutzen von bestimmten gesetzlichen Möglichkeiten gemeint, die grundsätzlich nicht für diese Situation geschaffen worden sind und nur aus steuerlichen Gründen angewendet werden. Das Bundesgericht sieht den Tatbestand der Steuerumgehung erfüllt,

- wenn eine rechtliche Konstruktion oder ein steuerlicher Vorgang «ungewöhnlich, sachwidrig oder absonderlich, jedenfalls den wirtschaftlichen Gegebenheiten völlig unangemessen erscheint»,
- wenn zudem anzunehmen ist, dass dies nur vorgenommen wurde, um Steuern zu sparen, «welche bei sachgemässer Ordnung der Verhältnisse geschuldet wären»,
- und wenn mit diesem Vorgehen tatsächlich Steuern gespart wurden.

Steuerumgehung ist nicht strafbar, aber die Behörde kann in einem solchen Fall die Steuererklärung trotzdem korrigieren und den Betrag einfordern, den sie als angemessen erachtet. Was eine Steuerumgehung darstellt und wie sie geahndet wird, ist also zu einem schönen Teil eine Ermessensfrage.

Anhang

Glossar

Im Folgenden finden Sie Erklärungen zu den wichtigsten Begriffen, mit denen Sie sowohl in diesem Ratgeber als auch beim Ausfüllen der Steuererklärung immer wieder konfrontiert werden. Die Pfeile → verweisen auf weitere Fachausdrücke in diesem Glossar.

Bemessungsperiode: Zeitraum, in dem das Einkommen und Vermögen betrachtet wird, auf dem Sie die Steuern zahlen müssen, meist das Kalenderjahr. Bei der Gegenwartsbesteuerung sind die Bemessungsperiode und die → Steuerperiode identisch.

Direkte Bundessteuer: → Direkte Steuer, die der Bund erhebt. Die Veranlagung erfolgt durch die Kantone, die Steuerzahlerinnen und Steuerzahler haben mit dem Bund direkt keinen Kontakt.

Direkte Steuer: Steuer, die direkt aufgrund des Einkommens und des Vermögens (bei → natürlichen Personen) oder aufgrund des Gewinns und Kapitals (bei → juristischen Personen) bezahlt werden muss.

Doppelbelastung, wirtschaftliche: Unternehmer werden steuerlich doppelt belastet, wenn sie zuerst den Gewinn des Unternehmens und als Inhaber zusätzlich die ausgeschüttete Dividende versteuern müssen.

Doppelbesteuerung: Ein Einkommen oder Vermögen wird zweimal besteuert, beispielsweise in zwei Ländern, wenn eine Person in beiden Ländern wohnt und/oder arbeitet.

Doppelbesteuerungsabkommen: Vereinbarung zwischen zwei Staaten, mit der die → Doppelbesteuerung verhindert werden soll. Die Schweiz hat mit über 50 Staaten solche Abkommen abgeschlossen, darunter sind alle EU-Staaten und die USA.

Eigenmietwert: Festgelegter Wert als Ersatz für den Mietzins, den ein Wohneigentümer nicht bezahlen muss. Dieser Wert wird als Naturaleinkommen besteuert.

Einfache Staatssteuer: Steuerbares Einkommen oder Vermögen multipliziert mit dem → Steuersatz. Wird die einfache Staatssteuer mit dem → Steuerfuss für die Staats-, Gemeinde- und Kirchensteuer multipliziert, resultiert daraus der tatsächlich zu bezahlende Steuerbetrag.

Einkommenssteuer: Steuer, die auf dem Einkommen der → natürlichen Personen erhoben wird. Zum Einkommen gehören hauptsächlich der Arbeitslohn und das Einkommen aus selbständiger Tätigkeit, aber auch Einkünfte aus Renten sowie die → Vermögenserträge wie Mietzinsen, Bankzinsen oder Dividenden.

Einschätzung: Festsetzung der Steuerfaktoren, also des steuerbaren Einkommens und Vermögens von → natürlichen Personen bzw. des steuerbaren Gewinns und Kapitals bei → juristischen Personen. Vereinfacht ausgedrückt: Wenn der Steuerbeamte die Steuererklärung prüft und genehmigt, nimmt er die Einschätzung vor. Wird auch als Veranlagung bezeichnet.

Einsprache: Gesuch an das Steueramt, die → Einschätzung zu überprüfen. Wer eine Einsprache erhebt, muss begründen, was seiner Ansicht nach falsch ist und korrigiert werden soll. Zum Schluss fällt das Steueramt einen Einspracheentscheid.

Erbschaftssteuer: Steuer auf Vermögenswerten einer verstorbenen Person. Sie wird bei den Erbinnen und Erben erhoben.

Ermessenseinschätzung: Reicht eine steuerpflichtige Person trotz Mahnung keine Steuererklärung ein, schätzt die Steuerbehörde deren Einkommen und Vermögen so zuverlässig wie möglich, aber letztlich nach Ermessen ein.

Ertragswert: Wert einer Liegenschaft oder eines Unternehmens, berechnet aufgrund des Ertrags, den sie abwerfen (siehe auch → Verkehrswert)

Gegenwartsbesteuerung: → Bemessungsperiode und → Steuerperiode sind identisch. Das heisst, man bezahlt für das Jahr 2019 die Steuern aufgrund des Einkommens und Vermögens, das man im selben Jahr ausweist. Seit 2003 wird dieses System in allen Kantonen und beim Bund angewendet.

Gemeindesteuer: Direkte Steuer auf Einkommen und Vermögen bei → natürlichen Personen oder auf Gewinn und Kapital bei → juristischen Personen. Sie wird zusammen mit der → Staatssteuer festgelegt und erhoben.

Gesamtsteuersatz: Durchschnittlicher Steuersatz für das gesamte Einkommen im Unterschied zum → Grenzsteuersatz.

Gewinnsteuer: Steuer auf dem Gewinn von Unternehmen, also → juristischen Personen.

Grenzsteuersatz: Satz, zu dem ein Betrag besteuert wird, der auf das steuerbare Einkommen noch obendrauf kommt; im Unterschied zum → Gesamtsteuersatz.

Grundstückgewinnsteuer: Steuer, die erhoben wird, wenn jemand durch den Verkauf von Grundstücken einen Gewinn erzielt.

Handänderungssteuer: Steuer, die beim Verkauf eines Grundstücks erhoben wird. Sie ist abhängig vom Preis des Grundstücks.

Indirekte Steuern: Steuern, die im Preis einer Ware oder Dienstleistung enthalten sind, zum Beispiel die → Mehrwertsteuer.

Juristische Personen: Firmen, Unternehmen; Gegensatz: → natürliche Personen.

Kapitalgewinnsteuer: Besteuert die Wertsteigerung eines Vermögensobjekts, etwa einer Aktie oder eines Hauses. In der Schweiz wird der Kapitalgewinn von Privatpersonen nur in Ausnahmefällen besteuert.

Kapitalsteuer: Steuer auf dem Eigenkapital eines Unternehmens, analog zur Vermögenssteuer bei → natürlichen Personen. Die Kapitalsteuer wird nur von den Kantonen, Gemeinden und Kirchgemeinden, nicht aber vom Bund erhoben.

Kirchensteuer: Steuer, die von den Kirchgemeinden bei ihren Mitgliedern sowie in vielen Kantonen bei Unternehmen erhoben wird.

Mehrwertsteuer: Steuer, die Unternehmen auf ihrem Umsatz oder Dienstleistungsertrag bezahlen müssen. Sie wird nur vom Bund erhoben.

Natürliche Personen: Menschen; im Gegensatz zu → juristischen Personen.

Nutzniessung: Recht, eine Sache zu nutzen, die jemand anderem gehört, beispielsweise ein Haus. Die Nutzniesserin, der Nutzniesser muss Erträge aus dieser Sache – etwa Mietzinseinnahmen – als Einkommen, den Verkehrswert als Vermögen versteuern.

Progression: Anstieg der Steuerbelastung abhängig vom Einkommen. Beispiel: Wird ein Einkommen von 50 000 Franken zu 10 Prozent, ein solches von 100 000 Franken aber zu 16 Prozent besteuert, spricht man von einem progressiven Steuertarif.

Quellensteuer: Steuer, die nicht vom Steuerpflichtigen bezahlt, sondern direkt an der Quelle abgezogen wird. Bei ausländischen Staatsangehörigen ohne Niederlassungsbewilligung (Ausweis C) ist der Arbeitgeber verpflichtet, die geschuldete Steuer vom Lohn abzuziehen und an die Steuerbehörde zu überweisen. Auch die → Verrechnungssteuer ist eine Quellensteuer.

Rechtsmittel: Die verschiedenen Möglichkeiten, sich gegen einen Entscheid der Steuerbehörden zur Wehr zu setzen. Dazu gehören: die → Einsprache, der → Rekurs sowie die Beschwerde beim Verwaltungsgericht gegen den Entscheid der Rekurskommission und schliesslich die Beschwerde beim Bundesgericht.

Reineinkommen: Steuerbare Einkünfte vermindert um die Berufskostenabzüge und die allgemeinen Abzüge.

Reinvermögen: Steuerbare Vermögenswerte minus die Schulden.

Rekurs: Ist jemand mit dem Einspracheentscheid (→ Einsprache) des Steueramts nicht einverstanden, kann er bei einer kantonalen Instanz, der Steuerrekurskommission oder meist dem Verwaltungsgericht, Rekurs einlegen.

Rückkaufswert: Betrag, den eine Versicherungsgesellschaft auszahlt, wenn jemand einen Versicherungsvertrag vorzeitig auflöst. Der Rückkaufswert einer Versicherung gilt als Teil des Vermögens und muss versteuert werden.

Schenkungssteuer: Sie wird erhoben, wenn jemand einer anderen Person Vermögenswerte schenkt, also ohne Gegenleistung übergibt.

Sozialabzüge: Steuerabzüge, die in der Regel weder nach dem Einkommen noch nach dem Vermögen berechnet werden und für alle Personen gleich sind. Voraussetzungen sind bestimmte persönliche oder familiäre Verhältnisse. Beispiele: Kinderabzug, persönlicher Abzug, Abzug für AHV-Rentnerinnen und -Rentner.

Staatssteuer: Einkommens- und Vermögenssteuer (bei → natürlichen Personen) sowie Gewinn- und Kapitalsteuer (bei → juristischen Personen), die der Kanton erhebt und kassiert.

Stempelabgaben: Steuer auf Geschäften wie Kauf und Verkauf von Aktien oder Versicherungspolicen.

Steuerausscheidung: Eine Steuerausscheidung wird durchgeführt, wenn eine Person in zwei oder mehr Gemeinden, Kantonen oder Ländern steuerpflichtig ist. Damit teilen die Kantone (oder Länder) die Steuern unter sich auf.

Steuerbares Einkommen: → Reineinkommen minus die → Sozialabzüge, die Basis für die Steuerberechnung.

Steuerbares Vermögen: → Reinvermögen minus allfälliger Sozialabzug, die Basis für die Steuerberechnung.

Steuerbetrug: Steuerbetrug begeht, wer zum Zweck der → Steuerhinterziehung gefälschte oder falsche Urkunden und Belege wie Lohnausweise oder Geschäftsbilanzen einreicht. Wird von den Strafverfolgungsbehörden geahndet (siehe auch → Steuerumgehung, → Steueroptimierung).

Steuerfuss: Prozentsatz oder Faktor der → einfachen Staatssteuer, zu dem die effektiv zu zahlenden Steuern des Kantons sowie der Gemeinde und allenfalls der Kirche berechnet werden. Beispiel: Die Staatssteuer beträgt 108 Prozent der einfachen Staatssteuer, die Gemeindesteuer 118 Prozent, die Kirchensteuer 13 Prozent. Daraus errechnet sich ein Gesamtsteuerfuss von 239 Prozent; die zu bezahlende Steuer beträgt 239 Prozent der einfachen Staatssteuer für das steuerbare Einkommen. Die Steuerfüsse werden von den Kantonen, Bezirken, Gemeinden und Kirchgemeinden festgelegt und je nach wirtschaftlicher und politischer Situation angepasst.

Steuerharmonisierung: Angleichung der Steuern von Bund, Kantonen und Gemeinden. Das gültige Steuerharmonisierungsgesetz trat Anfang der Neunzigerjahre in Kraft und verpflichtete die Kantone, ihre Steuergesetze den vorgegebenen einheitlichen Grundsätzen anzupassen. Dies wird als formelle Steuerharmonisierung bezeichnet, da nur die Steuerordnungen, also die allgemeinen Regeln, vereinheitlicht wurden. Eine Steuerharmonisierung mit einheitlichen Steuertarifen, Steuersätzen und Steuerfreibeträgen hat in der Schweiz nicht stattgefunden.

Steuerhinterziehung: Steuerhinterziehung begeht, wer falsche, unvollständige oder gar keine Angaben über Einkommen und Vermögen macht. Strafbar, wird von den Steuerbehörden mit Nach- und Strafsteuern geahndet (siehe auch → Steuerbetrug, → Steuerumgehung, → Steueroptimierung).

Steuerhoheit: Recht eines Gemeinwesens (Bund, Kanton, Gemeinde, Kirche), Steuern zu erheben und ihre Höhe zu bestimmen.

Steueroptimierung: Ausnutzen der gesetzlichen Möglichkeiten, um die Steuerbelastung zu senken; legal.

Steuerperiode: Zeitraum, für den man die Steuer zahlt, in der Regel ein Kalenderjahr (siehe auch → Bemessungsperiode).

Steuersatz: Prozentsatz, abhängig von der Höhe von Einkommen und Vermögen, mit dem die Steuern berechnet werden. Aufgrund des steuerbaren Einkommens oder Vermögens kann der Steuersatz aus dem → Steuertarif abgelesen werden.

Steuertarif: Tabelle, die zeigt, zu welchem → Steuersatz ein bestimmtes Einkommen oder Vermögen besteuert wird. Meist gibt es zwei Steuertarife, einen für die verheirateten und einen für die übrigen Steuerpflichtigen.

Steuerumgehung: Ausnutzen von an sich legalen Möglichkeiten, die grundsätzlich nicht für diese Situation geschaffen wurden und nur aus steuerlichen Gründen angewandt werden. Illegal, wird von den Steuerbehörden geahndet.

Veranlagung: → Einschätzung

Verkehrswert: Preis, den man für einen Gegenstand bekäme, wenn man ihn verkaufen würde; auch Marktpreis genannt (siehe auch → Ertragswert).

Vermögensertrag: Ertrag, den man als Entgelt dafür bekommt, dass man jemandem Sachen oder Kapital zur Nutzung überlässt. Beispiele: Mietzinseinnahmen, Zinsen von Sparkonten und Obligationen. Vermögenserträge gelten als Einkommen und müssen versteuert werden.

Vermögenssteuer: Steuer, die auf dem Vermögen → natürlicher Personen erhoben wird. Der Bund erhebt keine Vermögenssteuer.

Verrechnungssteuer: → Quellensteuer auf dem Ertrag von Kapitalvermögen, Lotteriegewinnen und Versicherungsleistungen; kann mit der ausgefüllten Steuererklärung zurückgefordert werden.

Wohnrecht: Recht, ein Haus oder eine Wohnung einer anderen Person zu bewohnen. Die wohnberechtigte Person muss den Eigenmietwert als Einkommen versteuern; der Vermögenswert wird beim Eigentümer besteuert (siehe auch → Nutzniessung).

Nützliche Adressen und Links

Kantonale Steuerämter

Die Links zu den kantonalen Steuerverwaltungen finden Sie auch unter www.estv.admin.ch (→ Dokumentation → Links → Allgemeine Links).

Aargau
Steueramt des Kantons Aargau
Tellistrasse 67
5001 Aarau
Tel. 062 835 25 30
www.ag.ch/steueramt

Appenzell Innerrhoden
Kantonale Steuerverwaltung Appenzell Innerrhoden
Marktgasse 2
9050 Appenzell
Tel. 071 788 94 01
www.ai.ch/steuern

Appenzell Ausserrhoden
Kantonale Steuerverwaltung
Gutenberg-Zentrum
Kasernenstrasse 2
9100 Herisau
Tel. 071 353 62 90
www.ar.ch/steuern

Basellandschaft
Steuerverwaltung des Kantons Basellandschaft
Rheinstrasse 33
4410 Liestal
Tel. 061 552 51 20
www.steuern.bl.ch

Basel-Stadt
Steuerverwaltung des Kantons Basel-Stadt
Fischmarkt 10
4001 Basel
Tel. 061 267 46 46
www.steuern.bs.ch

Bern
Steuerverwaltung des Kantons Bern
Brünnenstrasse 66
3018 Bern-Bümpliz
Tel. 031 633 60 01
www.be.ch/steuern

Freiburg
Kantonale Steuerverwaltung
Rue Joseph-Piller 13
1701 Freiburg
Tel. 026 305 33 00
www.fr.ch/de/kstv

Genf
Administration fiscale cantonale (AFC)
Hôtel des finances
26, rue du Stand
1211 Genève 3
Tel. 022 327 70 00
www.ge.ch/impots

Glarus
Steuerverwaltung des Kantons Glarus
Hauptstrasse 11
8750 Glarus
Tel. 055 646 61 50
www.gl.ch/steuern

Graubünden
Kantonale Steuerverwaltung Graubünden
Hauptsitz
Steinbruchstrasse 18
7001 Chur
Tel. 081 257 21 21
www.stv.gr.ch

Jura
Service des contributions
2, rue de la Justice
2800 Delémont
Tel. 032 420 55 66
www.jura.ch/contributions

Luzern
Steuerverwaltung des Kantons Luzern
Buobenmatt 1
6002 Luzern
Tel. 041 208 84 66
www.steuern.lu.ch

Neuenburg
Service cantonal des contributions
Rue du Docteur-Coullery 5
2300 La Chaux-de-Fonds
Tel. 032 889 77 77
www.ne.ch/impots

Nidwalden
Kantonales Steueramt
Bahnhofplatz 3
6371 Stans
Tel. 041 618 71 27
www.steuern-nw.ch

Obwalden
Kantonale Steuerverwaltung
St. Antonistrasse 4
6061 Sarnen
Tel. 041 666 62 94
www.ow.ch/steuern

Schaffhausen
Kantonale Steuerverwaltung
J. J. Wepferstrasse 6
8200 Schaffhausen
Tel. 052 632 79 50
www.steuern.sh.ch

Schwyz
Kantonale Steuerverwaltung
Bahnhofstrasse 15
6431 Schwyz
Tel. 041 819 23 45
www.sz.ch/steuern

Solothurn
Steueramt Kanton Solothurn
Schanzmühle
Werkhofstrasse 29c
4509 Solothurn
Tel. 032 627 87 87
www.steueramt.so.ch

St. Gallen
Kantonales Steueramt St. Gallen
Davidstrasse 41
9000 St. Gallen
Tel. 058 229 41 21
www.steuern.sg.ch

Tessin
Dipartimento delle finanze e dell'economia
Divisione delle contribuzioni
Viale S. Franscini 6
6500 Bellinzona
Tel. 091 814 39 58
www.ti.ch/fisco

Thurgau
Steuerverwaltung Thurgau
Schlossmühlestrasse 15
8510 Frauenfeld
Tel. 058 345 30 30
www.steuerverwaltung.tg.ch

Uri
Amt für Steuern
Tellsgasse 1
6460 Altdorf
Tel. 041 875 21 17
www.ur.ch/steuern

Waadt
Administration cantonale des impôts
Route de Berne 46
1014 Lausanne
Tel. 021 316 00 00
www.aci.vd.ch

Wallis
Kantonale Steuerverwaltung
Avenue de la Gare 35
1950 Sion
Tel. 027 606 24 51
www.vs.ch/steuern

Zug
Kantonale Steuerverwaltung Zug
Bahnhofstrasse 26
6301 Zug
Tel. 041 728 26 11
www.zug.ch/tax

Zürich
Kantonales Steueramt Zürich
Bändliweg 21
8090 Zürich
Tel. 043 259 40 50
www.steueramt.zh.ch

Verbände und Organisationen

Die meisten Berufsverbände bieten selbst Steuerberatung an oder können Steuerberater vermitteln. Die Adressen von Verbänden finden Sie unter www.verbaende.ch.

EXPERTSuisse
Stauffacherstrasse 1
8021 Zürich
Tel. 058 206 05 05
www.expertsuisse.ch
Expertenverband für Wirtschaftsprüfung, Steuern und Treuhand

HEV Hauseigentümerverband Schweiz
Seefeldstrasse 60
8032 Zürich
Tel. 044 254 90 20
www.hev-schweiz.ch
Bietet Steuerberatung an oder vermittelt Fachpersonen

Schweizerischer Treuhänderverband STV
Monbijoustrasse 20
3001 Bern
Tel. 031 380 64 30
www.treuhandsuisse.ch
Vertritt die Interessen der Branche nach aussen

Swissconsultants.ch
Waisenhausplatz 14
3001 Bern
Tel. 031 326 71 71
www.swissconsultants.ch
Zusammenschluss von rund 20 Treuhand- und Revisionsfirmen, die auch Steuerberatung anbieten

Steuer-Links

www.beobachter.ch
Das Wissen und der Rat der Fachleute in acht Rechtsgebieten stehen den Mitgliedern des Beobachters im Internet und am Telefon zur Verfügung. Wer kein Abonnement der Zeitschrift oder von Guider hat, kann online oder am Telefon eins bestellen und erhält sofort Zugang zu den Dienstleistungen.

- www.guider.ch: Guider ist der digitale Berater des Beobachters mit vielen hilfreichen Antworten bei Rechtsfragen.
- Am Telefon: Montag bis Freitag von 9 bis 13 Uhr, Direktnummern der Fachbereiche unter www.beobachter.ch/beratung (→ Beratung per Telefon) oder unter 043 444 54 00
- Kurzberatung per E-Mail: Links zu den verschiedenen Fachbereichen unter www.beobachter.ch/beratung (→ Beratung per E-Mail)
- Anwaltssuche: Vertrauenswürdige Anwältinnen und Anwälte in Ihrer Region unter www.beobachter.ch/beratung (→ Anwaltssuche)

www.csi-ssk.ch
Site der Schweizerischen Steuerkonferenz, der Vereinigung schweizerischer Steuerbehörden

www.efd.admin.ch
Site des Eidgenössischen Finanzdepartements; enthält alle erdenklichen Informationen zu Steuern von Bund, Kantonen und Gemeinden

www.estv.admin.ch
Site der Informationsstelle für Steuerfragen des Bundes, auf der umfangreiche Dokumentationen zum Thema heruntergeladen werden können

www.gesetze.ch
Gesetzessammlung auf dem WWW

www.steuern-easy.ch
Steuerwissen für Jugendliche

www.steuerrevue.ch
Site der Zeitschrift «Steuerrevue», mit vielen Informationen zum Thema

www.swiss-tax.ch
Private Site mit Informationen zum schweizerischen Steuerrecht, mit Linkliste

www.taxware.ch
Software für Steuerberechnung und Steuerplanung

So lesen Sie die Steuerrechnung

STAATS- und GEMEINDESTEUERN
Bezugsjahr 20xx

provisorische Rechnung
aufgrund der letzten Einschätzung oder Steuererklärung (1)

Herr und Frau
Max und Monika Muster
Musterstrasse 1
8610 Uster

ersetzt Rechnung vom
Rechnungsdatum: 27.5.20xx (2)

Register-Nr.	*Schulgemeinde* Uster	*Steuerpflichtige Periode* 1. Januar 20xx bis 31. Dezember 20xx
Anwendbarer Tarif Verheiratetentarif (3)		*Kirchensteuer* ganze kath. Kirchensteuer

Berechnungsgrundlagen

Objekt	*Faktoren* *steuerbar*	*satzbestimmend*	*Satz* *EK % / VM ‰*	*Dauer* *von*	*bis*	*Tage*	*Einfache Staatssteuer*
Einkommen	(4) 80'000	(5) 80'000	(6) 4,663	1.1.20xx	1.1.20xx	360	(6) 3730.00
Vermögen	50'000	50'000		1.1.20xx	1.1.20xx	360	
Total Einfache Steuer							

Zur Beachtung:

Gegen provisorische Rechnungen kann kein Rechtsmittel erhoben werden, erst gegen die Schlussabrechnung.

Das Gemeindesteueramt steht Ihnen gerne für Beantwortung allfälliger Fragen im Zusammenhang mit der vorliegenden Rechnung zur Verfügung.

Steuerberechnung

Total einf. Staatssteuer	*Fr.*	3730.00
Einfache Staatssteuer (Netto)	*Fr.*	3730.00

Steuerart	*Steuerfuss*	*Betrag Fr.*
Staat	*105*	(7) *3916.50*
politische Gemeinde	*117*	*4364.10*
Personalsteuer 360 Tage	*13*	*484.90*
Katholische Kirchgemeinde		
Geschuldete Steuern		*8765.50*

Abrechnung

Geschuldete Steuer	(8) *8765.50*
Verrechnungssteuer	*-89.30*
Nettosteuerschuld	*8676.20*
zu bezahlender Betrag	(9) *8676.20*

(1) **Art der Rechnung:** wichtig für einen Rekurs, siehe Anmerkung «Zur Beachtung»

(2) Das **Datum** ist wichtig für einen Rekurs, denn ab dann läuft die Frist von 30 Tagen.

(3) **Tarif** für Alleinstehende oder Verheiratete

(4) **Faktoren:** das steuerbare Einkommen bzw. Vermögen in Franken

(5) **Satzbestimmend:** In bestimmten Fällen wird das Einkommen bzw. Vermögen nicht zum normalen Satz besteuert. Zum Beispiel wenn Liegenschaftseinkünfte aus anderen Kantonen oder aus dem Ausland hinzukommen, wenn jemand während des Jahres aus dem Ausland zugezogen ist (dann wird das Einkommen zum Steuersatz des entsprechenden Jahreseinkommens berechnet) oder wenn reduzierte Sätze angewendet werden, etwa für Kapitalabfindungen.

(6) **Satz:** der eigentliche Steuersatz; so viele Prozente des Einkommens bzw. Vermögens beträgt die einfache Staatssteuer. In diesem Beispiel ist das Vermögen steuerfrei.

(7) **Steuerart:** Hier sind die Beträge für die einzelnen Steuerarten aufgelistet. Unter «Geschuldete Steuern» wird die Gesamtsumme aufgeführt.

(8) Die **Nettosteuerschuld** setzt sich zusammen aus dem geschuldeten Steuerbetrag, verrechnet mit allfällig bereits geleisteten Zahlungen oder mit der Verrechnungssteuer, die man zugut hat. Anderseits werden hier Verzugszinsen von früheren (zu spät bezahlten) Rechnungen addiert.

(9) Effektiv zu bezahlender Betrag

Literatur

Birrer, Mathias: **Stockwerkeigentum.** Kauf, Finanzierung, Regelungen der Eigentümergemeinschaft. 7. Auflage, Beobachter-Edition, Zürich 2016

Büsser, Harry: **Plötzlich Geld – so legen Sie richtig an.** Möglichkeiten zur souveränen Vermögensverwaltung. Beobachter-Edition, Zürich 2017

Richle, Thomas; Weigele, Marcel: **Vorsorgen, aber sicher!** So planen Sie Ihre Finanzen fürs Alter. 4. Auflage, Beobachter-Edition, Zürich 2018

Studer, Benno: **Testament, Erbschaft.** Wie Sie klare und faire Verhältnisse schaffen. 17. Auflage, Beobachter-Edition, Zürich 2017

Trachsel, Daniel: **Scheidung.** Faire Regelungen für Kinder – gute Lösungen für Wohnen und Finanzen. 18. Auflage, Beobachter-Edition, Zürich 2017

Von Flüe, Karin: **Eherecht.** Was wir beim Heiraten wissen müssen. 11. Auflage, Beobachter-Edition, Zürich 2015

Von Flüe, Karin: **Paare ohne Trauschein.** Was sie beim Zusammenleben regeln müssen. 8. Auflage, Beobachter-Edition, Zürich 2016

Westermann, Reto; Meyer Üsé: **Das Eigenheim verkaufen, vererben oder vermieten.** Verkaufswert ermitteln, Käufer finden, Weitergaber regeln, Steuern sparen. Beobachter-Edition, Zürich 2018

Westermann, Reto; Meyer, Üsé: **Der Weg zum Eigenheim.** Finanzierung, Kauf, Bau und Unterhalt. 9. Auflage, Beobachter-Edition, Zürich 2015

Winistörfer, Norbert: **Ich mache mich selbständig.** Von der Geschäftsidee zur erfolgreichen Firmengründung. 15. Auflage, Beobachter-Edition, Zürich 2017

Stichwortverzeichnis

Q/R

S